Quick Guide

Quick Guides liefern schnell erschließbares, kompaktes und umsetzungsorientiertes Wissen. Leser erhalten mit den Quick Guides verlässliche Fachinformationen, um mitreden, fundiert entscheiden und direkt handeln zu können.

Weitere Bände in der Reihe http://www.springer.com/series/15709

Fabian Gerstenberg · Cornelia Gerstenberg

Quick Guide Social Relations

PR-Arbeit mit Bloggern und anderen Influencern im Social Web

2., aktualisierte Auflage

Fabian Gerstenberg
Mount Barley Publishing
Neustadt in Holstein, Deutschland

Cornelia Gerstenberg
Mount Barley Publishing
Neustadt in Holstein, Deutschland

Quick Guide
ISBN 978-3-658-21072-4   ISBN 978-3-658-21073-1   (eBook)
https://doi.org/10.1007/978-3-658-21073-1

Die Deutsche Nationalbibliothek verzeichnet diese Publikation in der Deutschen Nationalbibliografie; detaillierte bibliografische Daten sind im Internet über http://dnb.d-nb.de abrufbar.

Springer Gabler
© Springer Fachmedien Wiesbaden GmbH, ein Teil von Springer Nature 2017, 2018
Das Werk einschließlich aller seiner Teile ist urheberrechtlich geschützt. Jede Verwertung, die nicht ausdrücklich vom Urheberrechtsgesetz zugelassen ist, bedarf der vorherigen Zustimmung des Verlags. Das gilt insbesondere für Vervielfältigungen, Bearbeitungen, Übersetzungen, Mikroverfilmungen und die Einspeicherung und Verarbeitung in elektronischen Systemen.
Die Wiedergabe von Gebrauchsnamen, Handelsnamen, Warenbezeichnungen usw. in diesem Werk berechtigt auch ohne besondere Kennzeichnung nicht zu der Annahme, dass solche Namen im Sinne der Warenzeichen- und Markenschutz-Gesetzgebung als frei zu betrachten wären und daher von jedermann benutzt werden dürften.
Der Verlag, die Autoren und die Herausgeber gehen davon aus, dass die Angaben und Informationen in diesem Werk zum Zeitpunkt der Veröffentlichung vollständig und korrekt sind. Weder der Verlag noch die Autoren oder die Herausgeber übernehmen, ausdrücklich oder implizit, Gewähr für den Inhalt des Werkes, etwaige Fehler oder Äußerungen. Der Verlag bleibt im Hinblick auf geografische Zuordnungen und Gebietsbezeichnungen in veröffentlichten Karten und Institutionsadressen neutral.

Gedruckt auf säurefreiem und chlorfrei gebleichtem Papier

Springer Gabler ist ein Imprint der eingetragenen Gesellschaft Springer Fachmedien Wiesbaden GmbH und ist ein Teil von Springer Nature
Die Anschrift der Gesellschaft ist: Abraham-Lincoln-Str. 46, 65189 Wiesbaden, Germany

Inhaltsverzeichnis

Teil I Das Social Web in der externen PR-Arbeit

1 Soziale Netzwerke als Herausforderung für Public Relations ... 3

2 Funktionen Sozialer Medien ... 7
    2.1 Publishing/Veröffentlichen von Inhalten ... 9
    2.2 Sharing/Teilen von Inhalten ... 9
    2.3 Networking/Vernetzen mit anderen ... 10
    2.4 Localization/Aufenthaltsorte bestimmen ... 11
    2.5 Buying/Kaufen ... 11
    2.6 Playing/Spielen ... 11
    Literatur ... 12

3 Kommunikationsgrundsätze der Sozialen Medien ... 13
    3.1 Kommunizieren Sie in Echtzeit ... 13
    3.2 Authentizität und Ehrlichkeit sind gefragt ... 14
    3.3 Online liest man anders als offline ... 14

	3.4	Inhalte mit Mehrwert sind Pflicht	15
	3.5	Kommunikation im Social Web betrifft immer auch die interne Kommunikation	15
4		**Die Blogosphäre – ein ganzes Universum**	**17**
	4.1	Der Blogger als Mensch	21
	4.2	Interview mit Felix Beilharz: „Blogger wollen keine Content-Schleuder sein"	25
	4.3	Interview mit Jochen Mai: „Die Arbeit von Bloggern ist Imitation und Innovation zugleich"	29
	4.4	Reichweitenstarke Influencer – attraktive und authentische PR-Zielgruppe	32
	Literatur		33

Teil II Erfolgreiche Online-PR im Social Web

5		**Die ersten Schritte und Überlegungen**	**37**
6		**Mit Bloggern in Kontakt treten**	**41**
7		**Influencer überzeugen**	**45**
	7.1	Fallbeispiel NGO: ein Influencer für WWF Deutschland	47
	7.2	Die Richtigen finden	49
8		**Eigene Social-Media-Kanäle**	**53**
	8.1	Corporate Blog	54
	8.2	Twitter	56
	8.3	Facebook	56
9		**Imageaufbau und -optimierung**	**59**
	9.1	Imageaufbau durch guten Service	61
	9.2	In Communitys präsent sein	63
	9.3	Dialog jenseits von Werbung	63
	9.4	Schnelle Reaktion bei Shitstorms	64

	9.5	Livestreams für Imagekampagnen nutzen	65
		9.5.1 Fallbeispiel IKEA	65
		9.5.2 Fallbeispiel BMW	67
	Literatur		69

10 Produkte vermarkten   71
    10.1   Interview mit Julio Brinkmann: „Wir setzen
           in Zukunft verstärkt auf Videos."   73
    10.2   Interview mit Annalena Huppert:
           „Das Wichtigste für mich ist eine
           Kooperation auf Augenhöhe."   76
    10.3   Fallbeispiel Großunternehmen: Nestlé   79
    10.4   Interview mit Stefanie Weyrauch und Holger
           Zapf: „Eine Social-Media-Strategie mit klar
           messbaren Zielen ist sehr wichtig."   82

11 Die Zukunft der Social Relations   89

Teil I

Das Social Web in der externen PR-Arbeit

1
Soziale Netzwerke als Herausforderung für Public Relations

> **Was Sie aus diesem Kapitel mitnehmen**
> - Dass heute kreuz und quer kommuniziert wird.
> - Welche Chancen das Social Web für Unternehmen bietet – und dass es auch Risiken gibt.
> - Wie wichtig eine passgenaue Kommunikationsstrategie im Web ist.

In der Kommunikation gibt es immer Sender und Empfänger. Das Problem ist nur: Welche Botschaft ankommt, entscheidet nicht der Sender. Vielleicht muss man einschränkend sagen: Wie eine Botschaft ankommt, entscheidet nicht der Sender. Jeder ist schon mal falsch verstanden worden und weiß daher, welche umfangreichen Auswirkungen schlechte Kommunikation haben kann. Missverständnisse kann es schon zwischen zwei Personen geben. Aber was passiert, wenn sehr viele Menschen kreuz und quer kommunizieren? Welche Chancen aber auch Herausforderungen und Gefahren gibt es für die PR-Arbeit im Social Web?

Das digitale Zeitalter hat die Kommunikationsmöglichkeiten grundlegend verändert. Früher fand Kommunikation meist per Brief, Fax oder E-Mail von einem Sender zu einem Empfänger statt. Mit dem Internet entwickelte sich die Möglichkeit, dass ein Absender mehrere

Empfänger gleichzeitig erreichen kann. Über ihre Webseiten stellen Unternehmen und andere Organisationen Informationen zur Verfügung, die viele Nutzer einsehen können. In den letzten Jahren folgte dann noch ein weiterer Entwicklungsschritt: das sogenannte Web 2.0 oder auch Social Web. Über Kommentarfunktionen auf Webseiten können die Empfänger von Informationen reagieren und mitreden. Mit Facebook, Instagram und Twitter haben die User dann die Möglichkeit erhalten, selbst Inhalte zu erstellen und zu verbreiten. Nun erreichen viele Sender viele Empfänger. Und der Empfänger ist gleichzeitig zum Sender geworden.

Diese Entwicklung liefert vielfältige Möglichkeiten für die PR-Arbeit. Im Social Web ist viel los. Täglich tummeln sich unendlich viele User online und nutzen Webseiten, Blogs, Foren, etc. um sich über Themen, Marken und Produkte zu informieren. Letztlich bilden sie sich eine Meinung dazu und äußern diese häufig auch direkt wieder online.

Genau hier haben nun Unternehmen die Möglichkeit, die Konversationen und Meinungen der Nutzer zu verfolgen und Schlüsse daraus zu ziehen. Noch besser: Sie können sogar an den Gesprächen teilnehmen und wiederum auf das Feedback reagieren. Und das sollten sie auch. Denn so schaffen sie Glaubwürdigkeit und Vertrauen und können die User letztlich an sich binden.

Aber wie so oft: eine Menge an Möglichkeiten heißt gleichzeitig auch einige Gefahren, die besonders sorgsam beachtet werden müssen. Denn Fehler verzeiht das Social Web nur schwer. Wer schon mal mitten in einem sogenannten Shitstorm stand, kann ein Lied davon singen. Diesen reputationsschädigenden Kommunikationskrisen muss mit professioneller Krisen-PR begegnet werden. Also gilt es, bei allen Chancen, die man nutzen kann und sollte, immer auch die Risiken zu kennen und diese im Blick zu behalten. Sucht man nun nach einem pauschalen Erfolgsrezept für die eigene PR-Arbeit, so wird man keine fertige Antwort finden, die in jedem Punkt zu dem eigenen Unternehmen passt. Die Möglichkeiten sind vielfältig und jeder PR-Schaffende muss sehr genau prüfen, welche Maßnahmen geeignet sind, um die eigenen Ziele bzw. die eigene Zielgruppe zu erreichen. Wie oben beschrieben, sind die Kommunikationswege im Social Web sehr verzweigt und alles andere als gradlinig. Daher muss man seinen Weg sehr gut kennen und mögliche Unwägbarkeiten im Blick haben, ehe man los läuft.

Wer sich jedoch die Mühe macht und eine passgenaue Kommunikationsstrategie erarbeitet, dem stehen viele Möglichkeiten offen, die eigenen Anliegen mitten in die Community zu streuen.

> **Ihr Transfer in die Praxis**
> - Analysieren Sie Ihr eigenes, privates Surf-Verhalten.
> - Sind Sie persönlich im Netz ansprechbar für Marketingaktivitäten seitens Unternehmen?
> - Wenn ja: Fragen Sie sich, wie das jeweilige Unternehmen Ihre Aufmerksamkeit bekommen hat.

2
Funktionen Sozialer Medien

> **Was Sie aus diesem Kapitel mitnehmen**
> - Welche Funktionen Soziale Medien für die Nutzer erfüllen.
> - Zahlen und Fakten zu Sharing, Publishing, Networking, Localization, Buying und Playing.

Um im Social Web eine gute und effektive PR-Arbeit zu machen, sollte man sich im Vorfeld unbedingt darüber klar werden, welche vielfältigen Funktionen soziale Medien haben. Diese Erkenntnisse sind zwingend notwendig, um die eigenen PR-Aktivitäten im Social Web sinnvoll einzusetzen. Nur wer an der richtigen Stelle die richtigen Dinge tut, wird erfolgreich die eigene Zielgruppe erreichen. Social Media setzt sich aus unterschiedlichsten Bausteinen zusammen, die in der Abb. 2.1 bildlich dargestellt sind.

Diese Vielfältigkeit macht deutlich, dass Soziale Medien für die PR im Social Web unterschiedliche Funktionen erfüllen können. Es lassen sich sechs verschiedene Funktionen ausmachen.

Abb. 2.1 Social Media Landschaft. (Quelle: DM Kommunikation, Dominic Menzler, www.dmkommunikation.de)

Funktionen sozialer Medien

- Publishing/Veröffentlichen
- Sharing/Teilen
- Networking/Netzwerken
- Localization/Lokalisieren
- Buying/Kaufen
- Playing/Spielen

Um einen Überblick zu erhalten, ist es legitim, diese Funktionen getrennt zu betrachten. In der Praxis funktioniert diese Trennung aber nicht so gradlinig. Oft verschmelzen die oben genannten Punkte miteinander. So werden z. B. beim Netzwerken gleichzeitig Inhalte geteilt. Beim Spielen finden In Game-Käufe statt, usw.

2.1 Publishing/Veröffentlichen von Inhalten

Jeder private Internetnutzer kann über soziale Netzwerke Inhalte veröffentlichen – schnell und unkompliziert. Dieser sogenannte Usergenerated Content stellt einen großen Teil des Social Webs dar. Die Nutzer twittern eifrig, posten bei Facebook, was sie gerade tun, und laden Fotos bei Instagram hoch. Nicht umsonst spricht man auch vom „Mitmachweb", wenn von sozialen Netzwerken die Rede ist. Dies ist vor allem dadurch möglich geworden, dass die verschiedenen Webtechnologien mittlerweile sehr intuitiv bedienbar sind. Wirklich jeder kann, wenn er möchte, seinen Beitrag zum Social Web leisten. Ein gutes Beispiel dafür sind auch die sogenannten „Wikis". Unter diesem Begriff versteht man Webseiten, deren Inhalte nicht nur von den Nutzern gelesen, sondern auch direkt online geändert werden können. Am bekanntesten ist hier sicher „Wikipedia", eine freie Online Enzyklopädie, deren Artikel von der Community erstellt, geändert und erweitert werden. In diesem Zusammenhang spricht man auch von „Schwarmintelligenz", der Weisheit der Vielen.

2.2 Sharing/Teilen von Inhalten

Eine weitere Möglichkeit, die soziale Netzwerke ihren Nutzern bieten, ist neben dem Erstellen von Inhalten auch das Teilen von Content. In jedem Netzwerk findet sich eine „Teilen"- bzw. „Share"-Funktion, durch die der User mit einem einzigen Mausklick eigene oder auch fremde Inhalte an andere Nutzer weiterempfehlen kann. Das Teilen von Inhalten ist mittlerweile weit verbreitet und sehr beliebt. Daher findet sich heute auf den Webseiten der meisten Unternehmen und

Abb. 2.2 Social Plugins. (Quelle: www.aufgegessen.com, Abruf: Januar 2018)

Organisationen ebenfalls die Möglichkeit, Inhalte direkt weiterzuempfehlen und über neue Inhalte informiert zu werden. Über die sogenannten „Social Plugins" (Abb. 2.2) auf Webseiten verbreitet sich so mit einem einzigen Klick eine Information über das eigene soziale Netzwerk schnell weiter und zieht seine Kreise.

2.3 Networking/Vernetzen mit anderen

Alte Bekannte wiederfinden und den Kontakt halten, aber auch neue Kontakte knüpfen: dies ermöglichen Facebook, XING und Co. Vor allem im beruflichen Umfeld wird Networking groß geschrieben. Die Business-Plattform XING ist mittlerweile digitale Visitenkarten-Box und Jobbörse für rund 11 Mio. Berufstätige in Deutschland (Xing 2018). Das internationale Business-Netzwerk LinkedIn verzeichnet weltweit über 500 Mio. Mitglieder (LinkedIn 2018).

Facebook ist auch 2017 weiter gewachsen und hat nun 2,1 Mrd. monatlich aktive Nutzer (Allfacebook 2018). Und selbst die noch relativ junge Facebook-Tochter Instagram zählt weltweit mittlerweile 800 Mio. Nutzer (Allfacebook 2017).

Es gibt aber neben den großen Communitys auch zahlreiche kleine Netzwerke, die sich mit ganz speziellen Themen und Interessen auseinandersetzen. So haben sich online z. B. auch Katzenliebhaber (www.catspot.de) oder Kreuzworträtselfans (www.gagolga.de) zu einer Gemeinschaft zusammengefunden.

2.4 Localization/Aufenthaltsorte bestimmen

Da die Smartphone-Durchdringung mittlerweile sehr hoch ist, wird das Internet immer mehr mobil genutzt. In Zeiten, in denen User via Smartphone überall online sind, haben sich Lokalisierungsfunktionen weiter verbreitet. User teilen ihren aktuellen Aufenthaltsort in ihrem Netzwerk mit. Diese Funktion des Social Webs bietet Unternehmen umfangreiche Möglichkeiten. Erstens erscheint der eigene Name immer wieder im Social Web, wenn Nutzer sich beim eigenen Unternehmen einchecken. Man kann aber genauso auch hilfreiche Schlüsse über Interessen und Gewohnheiten der eigenen Zielgruppe ermitteln. Für den User selbst können Check-ins von Freunden Empfehlungen sein, den ausgewählten Ort ebenfalls zu besuchen – ein weiterer Anknüpfungspunkt für Unternehmen.

2.5 Buying/Kaufen

Kaufen im Internet ist nichts Neues mehr. Waren online zu bestellen und z. B. via Paypal auch online zu bezahlen ist zum Standard geworden. 2017 haben zum Beispiel 96 % aller Internetnutzer ab 14 Jahren Einkäufe über das Internet getätigt (Bitkom 2017).

Der sogenannte Social Commerce ist zwar noch nicht ganz so tief in unserem Alltag verwurzelt, jedoch nutzen immer mehr Unternehmen die Angebote sozialer Medien, um auch dort ihre Produkte zu platzieren und teilweise sogar zu vertreiben. Auch in Online-Spielen ist mittlerweile ein gewinnbringender Handel im Gange.

2.6 Playing/Spielen

Spiele sind im Social Web sehr beliebt. Dieses Phänomen wird unter dem Schlagwort „Gamification" zusammengefasst. Daher haben Spiele für eine interaktive Positionierung auch eine hohe Bedeutung. Durch spielerische Elemente können User gefesselt werden und sich auf diesem

Weg über einen längeren Zeitraum mit einem Unternehmen befassen. So bieten z. B. immer mehr Webseiten in der Vorweihnachtszeit einen interaktiven Adventskalender an. Hinter jedem digitalen Türchen sind für die User kleine Spielereien, Angebote oder Gewinnspiele versteckt. Jeden Tag kehrt der Nutzer so auf die Webseite des Unternehmens zurück. Eine gelungene Integration von spielerischen Elementen kann also Ihr digitales Angebot stimmig abrunden.

Ihr Transfer in die Praxis

- Denken Sie an Ihre Kommunikationszielgruppe: Welche Funktionen der Sozialen Medien benötigt diese am ehesten?
- Wie können Sie als Unternehmen an diesen möglichen Touchpoints eine Rolle spielen?

Literatur

Allfacebook. 2017. Offizielle Nutzerzahlen: Instagram in Deutschland und Weltweit. https://allfacebook.de/instagram/instagram-nutzer-deutschland. Zugegriffen: 1. März 2018.

Allfacebook. 2018. Nutzerzahlen Facebook, Instagram, Messenger und WhatsApp, Highlights, Umsätze, uvm. https://allfacebook.de/toll/state-of-facebook. Zugegriffen 1. März 2018.

Bitkom. 2017. Online-Shopping beliebter als Einkaufen im Laden. https://www.bitkom.org/Presse/Presseinformation/Online-Shopping-beliebter-als-Einkaufen-im-Laden.html. Zugegriffen 1. März 2018.

LinkedInsiders Deutschland. 2018. LinkedIn Mitglieder 2018 Deutschland, Europa und Welt. https://linkedinsiders.wordpress.com/2018/01/02/linkedin-mitglieder-2018-deutschland-europa-und-welt/. Zugegriffen 1. März 2018.

Xing. 2018. Daten und Fakten. https://corporate.xing.com/de/unternehmen/daten-und-fakten/. Zugegriffen 1. März 2018.

3 Kommunikationsgrundsätze der Sozialen Medien

> **Was Sie aus diesem Kapitel mitnehmen**
> - Was bei der Kommunikation mit der Zielgruppe im Web wichtig ist.
> - Wie Sie authentisch bleiben und mit Mehrwert begeistern.

Es gibt einige Grundsätze, die man bei der Kommunikation im Social Web unbedingt kennen und beachten muss, zumal sie sich teilweise grundlegend von den Kommunikationsgrundsätzen der klassischen PR unterscheiden.

3.1 Kommunizieren Sie in Echtzeit

Was in den sozialen Medien gepostet wird, ist in der gleichen Sekunde online. Es gibt keine Sperrfrist und keine Bedenkzeit. Meldungen werden zeitnah konsumiert. Eine große Chance für den, der etwas zu sagen hat. Aber auch Achtung ist geboten. Sofort nach einer Meldung kann es Feedback geben und somit sollten auch die Absender, also Sie als Unternehmen, direkt startklar für einen Dialog sein. Seien Sie also bereit, auf Kommentare der User wenn nötig wieder genauso zeitnah zu reagieren. Überhaupt gilt: Wenn Sie eine Erreichbarkeit über Facebook, Twitter und Co. anbieten, dann seien Sie auch erreichbar. Social Media Accounts, auf denen nichts bzw. nur mit großer zeitlicher Verzögerung etwas passiert, sind schlimmer, als gar nicht in den sozialen Medien vertreten zu sein.

3.2 Authentizität und Ehrlichkeit sind gefragt

Die Community will nichts vorgemacht bekommen. Die User wollen ernst genommen werden. Seien Sie stets freundlich, aber auch sachlich und souverän. Falsche Versprechungen sind tabu. Einfach gesagt: Verhalten Sie sich so, wie Sie es auch im echten Geschäftsleben tun würden. Auch in der Cyberwelt geht es um zwischenmenschliche Beziehungen, wenn sie auch nicht von Angesicht zu Angesicht stattfinden. Sollte es zu kritischen Situationen z. B. aufgrund von negativen Kommentaren kommen, bleiben Sie stets höflich und gelassen. Und – das gilt vor allem auch bei Kritik – reagieren Sie zügig.

3.3 Online liest man anders als offline

Im Internet werden Texte eher gescannt, als vollständig gelesen. Daher sollte alles, was in Blogs oder bei Facebook gepostet werden soll, möglichst einfach, verständlich und in kurzen Sätzen verfasst werden. Das heißt jedoch nicht, dass es mit weniger Aufwand getan ist. Auf die Schnelle produzierter Content mit Fehlern in Rechtschreibung, Grammatik oder gar im Inhalt kann schnell dem Image schaden und sich im schlechtesten Fall zu einem echten Shitstorm ausweiten. Prüfen Sie daher – auch wenn es schnell gehen muss – genau, was Sie mit welchen Worten melden. So können Sie sich manchen Ärger ersparen.

3.4 Inhalte mit Mehrwert sind Pflicht

Wichtig ist es auch, genau zu prüfen, welche Inhalte Sie dem Netz „vorsetzen" können. Der Content, den Sie online veröffentlichen, sollte informativ, kommunikativ und abwechslungsreich sein. Und ganz wichtig: Er muss einen Mehrwert für Ihre Zielgruppe haben. Leeres Geplänkel gibt es online genug. Und aufgrund der Menge der Informationen, die im Internet zur Verfügung steht, gibt es für einen User erst mal keinen Grund, genau auf Ihrer Seite, in Ihrem Blog zu lesen. Es sei denn, der Konsument findet etwas, das er woanders nicht bekommt (Stichwort „Relevanz"). Nutzen Sie das gesamte Spektrum der Möglichkeiten, die Ihnen in der Multimedia-Welt zur Verfügung stehen. Teilen Sie neben Texten auch Bilder, Videos, Links und Studien. Behalten Sie dabei aber immer auch die Urheberrechte sowie den Datenschutz im Blick.

3.5 Kommunikation im Social Web betrifft immer auch die interne Kommunikation

Und das liegt nicht nur daran, dass für eine erfolgreiche Kommunikation in den sozialen Netzwerken interne Ressourcen, passende Strukturen und fachliches Know-how geschaffen werden müssen. Es liegt auf der Hand, dass es ausreichend Manpower geben muss, um vorhandene Accounts in Echtzeit und zur Zufriedenheit aller zu pflegen. Sind aber z. B. Freigabeschleifen zu kompliziert, können Status-Updates, Tweets & Co. nur mit großer Verspätung gepostet werden und verfehlen damit ihren Nutzen. Verschlanken Sie also im Vorfeld Informationsketten und trauen Sie Ihren Mitarbeitern – nach einem ausführlichen Briefing – eigene, spontane Entscheidungen zu. Bedenken Sie auch, dass die Community das sogenannte „Storytelling" liebt. Dazu gehört es, immer wieder kleine Geschichten aus dem Unternehmen zu erzählen, bei denen es meist mehr um menschliche als um fachliche Dinge geht. Sehr beliebt ist auch das Vorstellen des Teams. Beachten Sie dabei aber immer das

Recht auf informelle Selbstbestimmung Ihrer Mitarbeiter und klären Sie im Vorfeld sehr genau, was in welcher Form, in welchem Maß und auch von wem gepostet werden soll bzw. darf. Sonst ist plötzlich ein Unternehmensgeheimnis ausgeplaudert, das besser hinter verschlossenen Türen geblieben wäre. Hat jedoch eine ausreichende interne Abstimmung stattgefunden, können Sie durch regelmäßiges Veröffentlichen sympathischer Interna Ihre Zielgruppe bestens erreichen und schaffen eine emotionale Bindung zu ihren Fans und Followern.

Ihr Transfer in die Praxis

Beantworten Sie folgende Fragen:

- Sind wir personell gut aufgestellt, um schnell zu sein? Sind alle Mitarbeiter umfassend informiert?
- Wie können wir authentisch sein und immer den richtigen Ton treffen?
- Welche Contents in Ihrem Unternehmen besitzen wirklichen Mehrwert?

4
Die Blogosphäre – ein ganzes Universum

Was Sie aus diesem Kapitel mitnehmen

- Wie Blogger ticken und welche Themen sie besonders oft abdecken.
- Erfahrene Blogger erzählen aus ihrer Arbeitswelt und erklären, wie sie angesprochen werden wollen.
- Reichweitenstarke Influencer – lieber Qualität statt Quantität.

Blogs entstanden zur Jahrtausendwende als öffentliche Tagebücher, in denen Einzelpersonen eigene Erlebnisse „für jedermann" veröffentlichten. Diese persönlichen Blogs machen bis heute den Großteil der auch als Weblogs bezeichneten Plattformen aus. Laut unterschiedlicher Quellen gibt es in Deutschland zwischen 50.000 und 200.000 Blogs aktiver Blogger. Wirklich festlegen mag sich zu konkreten Zahlen allerdings niemand, da zu viele Blogs letztlich doch nur passiv betrieben werden. Relevant bezüglich ihrer Reichweiten sind vermutlich einige hundert.

Da Blogger sich untereinander stark vernetzen, Communitys bilden und so ein gemeinschaftliches Gefühl entwickeln, gibt es auch einen passenden Oberbegriff für die Welt der Blogs: die Blogsphäre. Bereits 1999 nutzte Brad L. Graham in seinem eigenen Blog den Begriff: „Goodbye, cyberspace! Hello, blogiverse! Blogosphere? Blogmos?"

(Graham 2016), um die schier unendliche Weite der Blogger-Welt deutlich zu machen. Betrachtet man die Menge und die Vielseitigkeit der mittlerweile existierenden Blogs, verwundert es nicht, dass die „Blogosphäre" heute ein offiziell eingeführter Begriff ist, der seit 2009 sogar im Duden verzeichnet ist. Der unter den Bloggern vorhandene Wunsch nach Vernetzung und Gemeinsamkeit wird unter anderem durch sogenannte Blog-Paraden deutlich. Dazu ruft ein Blogbetreiber als Veranstalter die mit ihm vernetzten anderen Blogger dazu auf, innerhalb eines festgelegten Zeitraums einen Artikel zu einem vom Veranstalter festgelegten Thema zu verfassen. Nach Ablauf der Frist sammelt der Veranstalter alle Artikel und veröffentlicht sie als Reihe. Teilweise gibt es Prämien für den besten oder originellsten Artikel.

Dies alles klingt einerseits nach Spaß, andererseits hat die Form des Blogs weltweit betrachtet mittlerweile noch eine ganz andere wichtige Funktion bekommen: Viele Menschenrechtler – vor allem in Ländern, in denen freie Meinungsäußerung keine Selbstverständlichkeit ist – benutzen Blogs, um frei von Zensur über die aktuelle politische Situation, Menschenrechtsverletzungen usw. zu berichten. Diese Blogs sind eine wichtige Nachrichtenquelle, und einige dieser Blogger haben hohen Bekanntheitsgrad erreicht, z. B. Raif Badawi in Saudi-Arabien: http://www.raifbadawi.org/, Kareem Amer in Ägypten: http://www.kareem-amer.com/ oder Le Quoc Quan in Vietnam: http://lequocquan.blogspot.de/.

Insgesamt hat sich im Laufe der Jahre die Blogger-Welt professionalisiert. Immer mehr Blogger erstellen Media-Kits mit Preislisten, um gezielt Kooperationen einzugehen oder über Werbung im eigenen Blog Geld zu verdienen. 2007 wurde eine Bloggerkonferenz ins Leben gerufen: Die re:publica befasst sich mit den Themen Web 2.0, Weblogs, Soziale Medien und digitale Gesellschaft und hat 2018 bereits ihren 12. Geburtstag gefeiert.

Neben den persönlichen Blogs spielen heutzutage auch Produkttester-Blogs eine wichtige Rolle für Unternehmen. Die entsprechenden Blogger erhalten von den Unternehmen kostenlos Produkte, um über diese zu berichten und auf die Websites der Hersteller zu verlinken. Aus dem Blogger wird spätestens in diesem Moment ein sogenannter Influencer. Denn die Leser des Blogs werden von der Meinung des Bloggers beeinflusst oder sogar zum Kauf motiviert.

Corporate Blogs, die zum großen Teil aus persönlichen Blogs von Unternehmern entstanden sind, befassen sich inzwischen nahezu uneingeschränkt mit Neuigkeiten aus dem jeweiligen Unternehmen. Sie lassen daher kaum Raum für eine Zusammenarbeit mit Agenturen und anderen Unternehmen und sind daher für den Großteil der an Blogger Relations interessierten PR-Schaffenden irrelevant. Einen eigenen Corporate Blog zu führen, ist jedoch durchaus zu empfehlen, wie später noch ausführlicher dargelegt wird.

Inzwischen haben sich aus vielen persönlichen Blogs mit heterogenen Inhalten verschiedenste Themenblogs entwickelt, in denen nicht zuletzt aufgrund der Professionalisierung homogene Inhalte kommuniziert werden. Festzustellen ist außerdem, dass sich insbesondere bei den Themenblogs – auch durch die zunehmende Beteiligung von Gastautoren – Redaktionsteams bilden, und die entsprechenden Blogs etablierten Online-Magazinen immer ähnlicher werden.

In folgende Themengruppen lassen sich Blogs einordnen:
Lifestyle, Mode und Kosmetik
Lifestyle- und Modeblogs sind die Vorreiter der professionellen Blogosphäre. Neben der Selbstdarstellung der Protagonisten verfolgen diese Blogs oft ein kommerzielles Interesse. Styles werden präsentiert und durch entsprechende Produkte in den Fokus gerückt. Hierbei spielen Bilder eine wesentliche Rolle. Häufig werden inzwischen Inhalte zuerst via Instagram oder als Video auf YouTube geteilt und finden dann den Weg in das entsprechende Blog. Unternehmen und Agenturen arbeiten auf Basis von Produktplatzierungen, bezahlten Kampagnen oder Sponsorings mit diesen Blogs zusammen.

Reise und Tourismus
Da sich Reisen über Emotionen und authentische Erfahrungen verkaufen lassen, spielen Reiseblogs eine wesentliche Rolle für die Tourismusindustrie. Glaubwürdige Reiseberichte in Wort und Bild sind für Unternehmen sehr wertvoll. Wenn es in Unterkünften freie Kapazitäten gibt, können Unternehmen ihre relevanten Blogger zu

überschaubaren Kosten und ohne Geldfluss einladen. Durch diese Form der Kooperation hat der Blogger die Möglichkeit, kostenlos zu reisen: beste Voraussetzungen für eine gute und langfristige Zusammenarbeit.

Eltern und Kinder
Regelmäßig erscheinen neue Blogs zu den Themen Geburt, Schwangerschaft und Erziehung. Dabei unterscheiden sich die Inhalte bzw. die jeweilige Ausrichtung: Die ersten Lebensmonate, der Alltag in der jungen Familie und Do-it-yourself oder Reisetipps für Familien. Die Tonalität der Blogartikel ist emotional und in der Regel sehr positiv. Unternehmen aus den Bereichen Hausbau, Mobilität, Reise und Finanzen finden hier eine recht klar definierte Zielgruppe.

Essen und Trinken
Genussblogs sind qualitätsorientiert und auf verschiedenste Themenbereiche wie vegetarische Rezepte oder Grillen mit Buchenholz spezialisiert. Es gibt sehr viele verschiedene Blogs, die sich mit Kochen und Ernährung befassen, sodass es für Unternehmen aus der Lebensmittelindustrie schwierig ist, den passenden Blog für die eigenen Interessen zu finden. Eine detaillierte Recherche ist in dieser Themenkategorie besonders wichtig.

Wohnen und Einrichten
Unter den Interior-Blogs sind einerseits persönliche Blogs zu finden, in denen Usern Einrichtungs- und Do-it-yourself-Tipps gegeben werden. Andererseits nutzen viele Onlineshops diese Blog-Form, um eigene Inhalte auf den eigenen Seiten zu kommunizieren. Für Unternehmen können beide der hier aufgeführten Blog- Formen relevant sein. Gemein ist beiden eine emotionale Behandlung der Themen „Selbermachen" und „Inneneinrichtung".

Consumer Electronic
Blogger, die über die Themen Internet, Elektronik und Gadgets berichten, scheinen besonders an kommerziellen Kooperationen interessiert zu sein. In dieser Themenkategorie haben sich bereits relativ viele Blogs professionalisiert. Es existieren ganze Blog-Redaktionsteams, die ähnlich

wie die Redaktionen von Online- Magazinen arbeiten. Damit haben sie großen Bedarf an gut aufbereiteten Inhalten und sind gegenüber Kooperationen meist offen.

Automobil und Mobilität
Blogger, die über Automobile und Mobilität berichten, werden bereits heutzutage intensiv von der Automobilindustrie unterstützt. Unternehmen stellen Fahrzeuge zur Verfügung und laden relevante Blogger zu Produktpräsentationen ein.

Literatur
Blogs dieser Themenkategorie haben eher eine niedrige Reichweite. Größtenteils werden dort Bücher besprochen. Die entsprechenden Rezensionsexemplare werden üblicherweise von den Verlagen kostenlos zur Verfügung gestellt. Es gibt eine große Vielfalt an Literaturblogs, da in fast allen Altersgruppen und über alle Genres hinweg gebloggt wird. Literaturblogs können für unterschiedlichste Unternehmen als Kooperationspartner attraktiv sein, wenn es gelingt, den jeweiligen Blogger mit einer kreativen Idee zu begeistern, die zum behandelten Genre passt.

Die Blogosphäre bildet also tatsächlich alle wichtigen Bereiche des Lebens ab. Wer sich hier den richtigen Weg bahnt, kann seine Zielgruppe treffsicher erreichen.

4.1 Der Blogger als Mensch

Aufgrund der Weitläufigkeit und inhaltlichen Vielseitigkeit der Blogosphäre findet sich in der Menge der Blogger bestimmt für jeden Bedarf auch ein passender Kontakt. Daher lohnt es sich, die „Spezies Blogger" etwas näher zu betrachten und sie dadurch besser zu verstehen. Wer den „Mensch Blogger" kennt, dem fällt es dann auch leichter, Blogger Relations zu pflegen.

In einer Umfrage von Mount Barley Publishing vom Februar 2016[1] haben 164 Blogger aus dem deutschsprachigen Raum Angaben über ihre tägliche Arbeit gemacht und Auskunft darüber gegeben, inwieweit kommerzielle Kooperationen gewünscht werden. Dabei zeigte sich zuerst einmal, dass Blogger relativ strukturiert arbeiten. Nur jeder Fünfte gab an, nicht nach einem internen Redaktionszeitplan zu schreiben. Die meisten Blogger erstellen eine Übersicht ihrer mittel- bis langfristig geplanten Themen in Form von Redaktionsplänen. Die Pläne ermöglichen den Webautoren eine übersichtliche Auflistung zukünftiger Inhalte und erleichtern das Erzählen zusammenhängender Geschichten. Allerdings gibt nur jeder vierte Blogger seine internen Redaktionspläne auch nach außen, z. B. an Unternehmen, die an Kooperationen interessiert sind. Im Gegensatz zu den Redaktionen klassischer Printmedien, die allesamt ihre geplanten Redaktionsthemen in Form von Themen- und Sonderthemenplänen kommunizieren, um eine redaktionelle Zusammenarbeit mit Unternehmen und Agenturen zu fördern, ist jedoch festzustellen, dass von Jahr zu Jahr mehr Blogger Ihre geplanten Inhalte kommunizieren. Dies liegt zum einen daran, dass zunehmend professionelle Journalisten klassischer Medien bloggen. Sie wissen, dass Themenpläne ein hilfreiches Instrument für Kooperationen sein können. Zum anderen erkennen junge Blogger, die sich professionalisieren wollen, die Vorzüge dieser strukturierten Planungsarbeit – bestenfalls kann es der Aufhänger für ein lukratives Geschäft sein.

Blogger gelten gemeinhin als besondere Spezies, die keine klassischen Pressemitteilungenbenötigen, um Inhalte zu schaffen. Aber welche Quellen nutzen Webautoren, um spannende Onlinegeschichten zu erzählen? Knapp die Hälfte der Befragten gab an, dass „Geschichten aus dem wahren Leben" und Inhalte anderer Blogs die wichtigsten Inspirationsquellen sind. Gefolgt von Nachrichten auf Facebook, Twitter und in Onlineforen. Für jeden dritten Blogger sind Publikums- und Fachzeitschriften relevante Quellen.

---

[1] Eine Neuauflage der Umfrage lag bei Drucklegung dieses Werkes noch nicht vor.

Verglichen mit einer Mount-Barley-Studie vom März 2015, in der 470 Journalisten bzgl. ihrer privaten Investitionen in Printmedien befragt wurden, zeigt sich, dass Blogger weniger Geld in Zeitschriften und Zeitungen investieren. Dieses Ergebnis unterstreicht die geringe Bedeutung von Printmedien für die Themensuche. Allerdings geben Blogger mit 27 EUR pro Monat mehr Geld für Bücher aus als der Durchschnittsdeutsche, der nur knapp die Hälfte pro Monat in Bücher investiert. Journalisten nutzen Soziale Medien in ihrer Freizeit äußerst selten. Nur jeder dritte Journalist ist privat auf Twitter, Pinterest, Snapchat oder den vielen anderen Online-Netzwerken aktiv. Ganz anders bei den Bloggern: Da die meisten Blogger aus privaten Motiven bloggen, sind sie besonders in ihrer Freizeit viel in sozialen Netzwerken unterwegs (Abb. 4.1).

Agenturen und Unternehmen greifen zunehmend auf Blogger zurück, um sich selbst zielgruppengerecht zu positionieren. Die Zusammenarbeit professionalisiert sich, indem die Vermarktung über Bloggernetzwerke ausgebaut wird und Marken insbesondere einen langfristigen Dialog mit den reichweitenstarken Influencern anstreben. Aber wie hoch ist die Kooperationsbereitschaft vonseiten der Blogger? Neun von zehn Bloggern würden in ihren Artikeln Produkte bewerben, die zu den eigenen Inhalten passen – gegen Geld oder gegen Sachleistungen. Den meisten Bloggern ist dabei wichtig, dass ihnen das Produkt selbst gefällt. Produkte, die nicht zu den eigenen Blog-Inhalten passen, würden von zwei Drittel der Blogger abgelehnt werden. Jeder Dritte würde jedoch gegen Geld oder Sachleistungen Produktwerbung machen. Das lässt darauf schließen, dass Blogger ein generelles Interesse an kommerziellen Kooperationen haben (siehe Abb. 4.2).

Bezüglich privater Ausgaben für Lebensmittel, Bekleidung, Gesundheitspflege, Freizeit und Bildung lässt sich im Vergleich zu klassischen Journalisten und zum Durchschnittsdeutschen festhalten, dass es keine relevanten Unterschiede zu den deutschsprachigen

Abb. 4.1 Häufigkeit der Internetnutzung von Bloggern. (Quelle: Onlineumfrage „Mensch, Blogger!" vom Februar 2016, www.mountbarley.de)

Bloggern gibt. Einzig beim Erwerb von Haushaltsgeräten zeigen sich bei den Bloggern höhere Werte, was darauf zurückzuführen ist, dass viele Teilnehmer der Onlineumfrage in technischen Bereichen bzw. in Blogs der Themengebiete „Backen & Kochen" heimisch sind.

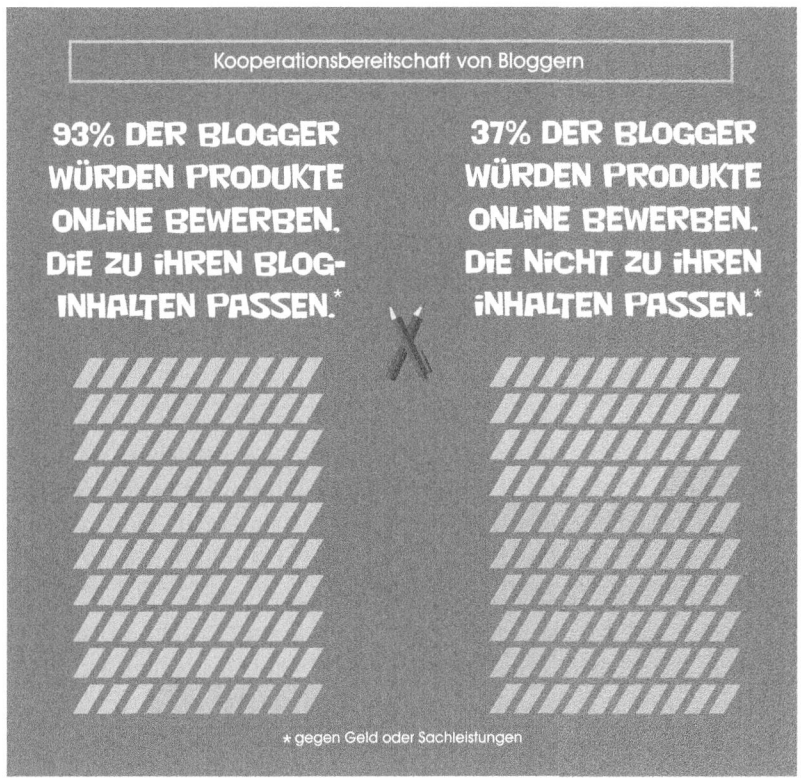

Abb. 4.2 Kooperationsbereitschaft von Bloggern. (Quelle: Onlineumfrage „Mensch, Blogger!" vom Februar 2016, www.mountbarley.de)

4.2 Interview mit Felix Beilharz: „Blogger wollen keine Content-Schleuder sein"

Im Interview erklärt Felix Beilharz, Top-Influencer im Online-Marketing, den Blogger und seine Arbeitsweise (vgl. Gerstenberg, Im Gespräch mit..., 2016)[2]. Der Diplom-Wirtschaftsjurist beschäftigt sich seit 2001 mit den Möglichkeiten, die Online-Marketing für

---

[2]Dieses Interview wurde im Mai 2016 auf http://blog.fabiangerstenberg.de veröffentlicht.

Unternehmen bietet. Neben seiner Tätigkeit als Speaker, Trainer, Autor und Berater veranstaltet er Social-Media-Konferenzen wie die „hashtag.business", die erste Konferenz speziell für Twitter- und Instagram-Marketing.

Fabian Gerstenberg
Lieber Herr Beilharz, eine Studie von Mount Barley Publishing zeigt, dass Blogger relativ wenig Geld in Zeitungen und Zeitschriften investieren. Wo finden Blogger die Inhalte, über die sie in ihren Artikeln berichten?

Felix Beilharz
Die meisten Blogger beziehen ihren Input über die sozialen Netzwerke, vor allem Facebook und Twitter. Hier sind sie schnell über aktuelle Themen informiert und finden Anregungen und Ideen. Und natürlich lesen Blogger auch in Blogs. Viele Beiträge sind von bereits bestehenden Artikeln inspiriert und beziehen sich darauf.

Aber auch die Online-Inhalte der klassischen Medien spielen eine Rolle. Ich glaube, die entscheidenden Probleme bezüglich Zeitungen und Zeitschriften sind gar nicht so sehr die Kosten, sondern der Medienbruch und die relative Langsamkeit dieser (Print-)Medien.

Fabian Gerstenberg
Worin unterscheidet sich Ihren Erfahrungen nach ein Blogger von einem klassischen Journalisten?

Felix Beilharz
Blogger sind nicht dem journalistischen Berufsbild und zum Beispiel der damit verbundenen Sorgfaltspflicht etc. verpflichtet. Das kann positive Auswirkungen haben, zum Beispiel durch eine schnellere Berichterstattung oder persönlichere Prägung der Inhalte. Aber natürlich auch Nachteile durch eine mögliche schlechtere Fundierung oder Recherche.

Das Feld der Blogger ist aber sehr breit, es ist unmöglich, „DEN" Blogger zu beschreiben. Manchen geht es um den schnellen Euro, das zeigt sich auch in den Inhalten. Andere sehen eine große Verantwortung und arbeiten gewissenhafter als mancher Journalist. Die Grenzen zwischen Bloggern und Journalisten schwinden zusehends.

Fabian Gerstenberg
Ein Blog ist für den Betreiber nicht kostenlos. Einnahmen sind notwendig. Wie schaffen es Blogger heutzutage trotz Schaltung von Werbeanzeigen unabhängig zu bleiben?

Felix Beilharz
Da stoßen sie auf die gleichen Probleme wie andere redaktionelle Formate. Das Problem ist dann geringer ausgeprägt, wenn die Werbung über Netzwerke automatisch eingespielt wird, weil Blogger und Werbender dann keinen direkten Kontakt haben. So findet meist keine Einflussnahme statt. Bei der Direktbuchung kann das schon anders aussehen. Und am größten ist die Abhängigkeit natürlich, wenn ein Unternehmen Produkte im Blog platzieren will oder den Blogger direkt für Content bezahlt. Für Blogger ist es daher wichtig, auf mehreren Füßen zu stehen und die Einkommensströme breiter aufzustellen, um Abhängigkeiten zu minimieren.

Fabian Gerstenberg
Klassische Medien kommunizieren ihre geplanten Redaktionsthemen in Form von Themenplänen, um Inhalte mit Agenturen professionell austauschen zu können. Welche Bedeutung haben Redaktionspläne bzw. Themenpläne für Blogger?

Felix Beilharz
Das kommt auf die Art des Blogs und auf den Blogger persönlich an. Ich kenne einige Blogger, die durchaus mit Themenplänen und einer längerfristigen Planung arbeiten, aber genauso Blogger, die relativ spontan agieren und einfach das verbloggen, was ihnen gerade einfällt bzw. worauf sie gerade stoßen. Und natürlich jede denkbare Mischform dazwischen.

Fabian Gerstenberg
Man sagt: Je aktueller die Inhalte auf Blogs desto mehr Traffic. Könnte im Umkehrschluss eine Veröffentlichung von langfristig geplanten Themen in Form von Themenplänen zu einer Verringerung des Traffics führen?

Felix Beilharz
Nein, das lässt sich so pauschal nicht sagen. Nicht alle Themen haben einen aktuellen, konkreten Anlass. Dann spielt der Zeitpunkt der Veröffentlichung eine geringere Rolle. Wenn ein Reiseblogger zum Beispiel seine 99 Learnings aus der letzten Weltreise veröffentlicht, muss das nicht unbedingt zeitnah passieren. Ein Modeblogger, der aber erst nach drei Wochen über die neu veröffentlichten Schuhe bloggt, wird sich nicht mehr über viel Traffic freuen können. Bei solchen Themen ist ein zeitnahes Veröffentlichen essenziell wichtig.

Ein wichtiger Unterschied ist auch, woher der Traffic kommt. Suchmaschinen liefern zum Beispiel meist eher langfristigen Traffic, da kommt viel über „Evergreen"-Content. Ad-hoc-Traffic kommt dagegen vor allem über Social Networks, da muss es dann schnell gehen.

Fabian Gerstenberg
Haben Blogger Interesse an Pressetexten von Unternehmen und Agenturen? Welche Form der Zusammenarbeit wünschen sich Blogger?

Felix Beilharz
Auch das kommt auf den jeweiligen Blogger, auf das Thema und das Unternehmen an. Große Blogger werden ähnlich wie Journalisten mit Pressetexten bombardiert, sodass die einzelne Einsendung schon mal untergehen kann. Blogger wollen vor allem ernst genommen werden. Erfahrene Blogger wollen sich nicht als „Content-Schleuder" missbrauchen lassen. Unternehmen können zum Beispiel mit exklusiven Inhalten oder Ideen und individualisierten Ansprachen begeistern. Der klassische 0815-Standard-Pressetext dürfte nur selten Begeisterung auslösen.

Manche Unternehmen haben den richtigen Umgang mit Bloggern verstanden. dm lädt zum Beispiel jedes Jahr Beauty-Bloggerinnen zum dm-Markencamp ein. Dort werden sie nicht nur über neue Produkte informiert und nach allen Regeln der Kunst umsorgt, sondern erhalten auch Schulungen über SEO oder Social Media für Blogger. Dadurch wird eine starke Bindung zwischen Marke und Blogger aufgebaut. Und je erfolgreicher der Blogger/die Bloggerin dadurch wird, desto besser auch für die Marke.

Fabian Gerstenberg
Vielen Dank für Ihre aufschlussreichen Antworten.

4.3 Interview mit Jochen Mai: „Die Arbeit von Bloggern ist Imitation und Innovation zugleich"

Mit Jochen Mai liefert ein weiterer Social-Media-Experte zu den Fragestellungen „Wer ist der Blogger?" und „Wie arbeitet der Blogger?" hilfreiche Antworten (vgl. Gerstenberg, Im Gespräch mit..., 2016)[3]. Der Kommunikationsberater und Bestseller-Autor leitete mehr als zehn Jahre das Ressort „Management und Erfolg" bei der WirtschaftsWoche und fungierte danach einige Jahre als Social Media Manager in der Wirtschaft. Bekannt wurde Jochen Mai vor allem als Gründer und Herausgeber von karrierebibel.de und karrierefragen. de.

Fabian Gerstenberg
Worin unterscheidet sich Ihren Erfahrungen nach ein Blogger von einem klassischen Journalisten?

Jochen Mai
In erster Linie unterscheidet sich der Blogger vom Journalisten, indem er seine Persönlichkeit, seine eigene persönliche Meinung wesentlich stärker einbringen kann und auch einbringt. Im Blog haben sie seltener die neutrale bzw. nachrichtliche Form von Kommunikation. Der klassische Journalist ist eher bemüht, sachlich und faktisch zu berichten und zu kommentieren, während der Blogger Meinungen und Fakten miteinander vermischt. Außerdem verlinken Blogger untereinander mehr als dies in klassischen Verlagen und Redaktionen üblich ist.

In digitalen Medien der Verlage ist es bislang noch nicht Usus, dass Inhalte auf andere Blogs und Webseiten verlinken. Für klassische Journalisten sind exklusive Inhalte zu wichtig, als dass sie ihr Kapital mit anderen Webseiten teilen.

---

[3]Dieses Interview wurde im Juni 2016 auf http://blog.fabiangerstenberg.de veröffentlicht.

Fabian Gerstenberg
Würden Sie zustimmen, dass immer mehr klassische Journalisten bloggen, und damit das Handwerk verschmilzt und sich Bloggen und klassischer Journalismus immer ähnlicher werden?

Jochen Mai
Ja, ich beobachte, dass immer mehr Journalisten bloggen. Wobei man hier berücksichtigen muss, dass die besonders sichtbaren Blogs häufig von ehemaligen Journalisten gemacht werden. Die Anzahl der autodidaktischen Blogger nimmt auch rasant zu, allerdings fallen diese weniger ins Gewicht und fallen auch weniger auf. Aus diesem Grund erscheint es so, als würden sehr viele Journalisten bloggen. In der Summe wird die Masse an Blogs von Privatpersonen getragen. Und dass auch immer mehr Journalisten bloggen ist gut, für die Journalisten und für den Medienmarkt. Reichweite und ein „Gehört werden" wird für Journalisten zunehmend ein Marktwert bestimmendes Element sein.

Schon heute kann man beobachten, dass beispielsweise Models Instagram Accounts betreiben, um sich selbst zu featuren und auch Labels anhand der Follower- Zahlen entscheiden, ob ein Model gebucht wird. Weil der Kunde weiß, dass ihm Models mit hoher Follower-Zahl entsprechende Reichweite bringen. Und so ist es eben bei Journalisten auch: Wenn man weiß, dass diese eine entsprechende Follower-Zahl aufweisen können, indem sie Artikel auf Twitter und über andere Kanäle kommunizieren, sind diese Journalisten wertvoller für Verlage. Mehr Reichweite ermöglicht den Verlagen, höhere Anzeigenpreise durchzusetzen. Und dabei sind ganz entscheidende Fragen: Wer schreibt glaubwürdig und wer trifft den Nerv der Zielgruppe?

Zur zweiten Frage: Blogger und Journalisten werden sich ähnlicher, weil sich die Autodidakten das Handwerk der Journalisten abschauen. Die Blogger, die die Arbeitsweise der klassischen Journalisten am besten adaptieren, sind erfolgreich. So gibt es bereits private Blogger, die Redaktionen bilden und professionell redaktionell arbeiten.

Fabian Gerstenberg
Sind Blogger, die sich der Arbeitsweise von Journalisten anpassen, zwangsläufig die besseren Blogger?

Jochen Mai
Einerseits möchte ich dieser These sofort zustimmen, da sich einige erfolgversprechende Mechaniken nie ändern. Andererseits verändern sich die Medien und Zielgruppen. Und so sind beispielsweise YouTuber und Snapchatter überhaupt nicht vergleichbar mit Journalisten. Die Arbeit von Bloggern ist also einerseits Imitation, aber auch Innovation.

Wenn man besonders erfolgreich sein möchte, muss man in der Lage sein, etwas Neues zu schaffen, weil das ein wichtiges Differenzierungsmerkmal ist. Viele Leser, Zuhörer und Zuschauer sind inzwischen müde von den klassischen Medien und verlangen nach Neuem. Und Blogger können genau das liefern, unabhängig vom Handwerk.

Fabian Gerstenberg
Die Umfrageergebnisse von Mount Barley Publishing zeigen, dass Blogger relativ wenig Geld in Zeitungen, Zeitschriften und Printprodukte allgemein investieren. Warum?

Jochen Mai
Blogger finden Informationen im Internet. Die Frage, die sich hieraus ergibt, ist: Welche Informationen findet man denn nicht im Internet? Es ist für Blogger wenig notwendig in Print zu investieren, da sich daraus kein Reinvest ergibt, weil eben Online eine unerschöpfliche Menge an Informationen liefert.

Fabian Gerstenberg
Wie schaffen es Blogger – trotz der Schaltung von Anzeigen – redaktionell unabhängig zu bleiben?

Jochen Mai
Die Anzeigen, die größtenteils auf Blogs geschaltet sind, sind Affiliates. Hier wird einmalig ein Code in die Seite eingebunden, und dann laufen über eine Automatik beispielsweise via Google AdSense Werbeeinblendungen unterschiedlicher Unternehmen. D. h. die Unternehmen, die auf diese Weise auf dem Blog eingeblendet werden, haben überhaupt keinen Einfluss auf die Themenauswahl des jeweiligen Bloggers.

Fabian Gerstenberg
Welche Form der Zusammenarbeit wünschen sich Blogger mit Unternehmen und Agenturen?

Jochen Mai
Hier gibt es verschiedene Formen der Zusammenarbeit. Entlohnung pro Lead oder Klick wäre möglich. Allerdings verwischt bei dieser Form der Zusammenarbeit die Grenze zwischen unabhängiger Redaktionsarbeit und bezahltem Content. Man muss sich hier aber auch von der Illusion befreien, dass nicht klassische Verlage auf die gleiche Art und Weise mit Unternehmen zusammenarbeiten.

Fabian Gerstenberg
Vielen Dank für Ihre Antworten.
Letztlich zeigt sich: Blogger sind auch nur Menschen. Sicher gibt es Unterschiede zu klassischen Journalisten, aber im Lauf der Jahre hat sich auch die Bloggerwelt zunehmend professionalisiert und eine Vermischung hat stattgefunden. Und eines ist allen gleich: Sie wünschen sich eine persönliche Ansprache auf Augenhöhe.

4.4 Reichweitenstarke Influencer – attraktive und authentische PR-Zielgruppe

Unter den vielen Bloggern im Social Web sind auch einige sogenannte Influencer zu finden, die auf Facebook, Instagram, Twitter, Google+, YouTube und vielen weiteren Kanälen reichweitenstarke Inhalte schaffen. Besonders einflussreich sind – vor allem bei der jungen Zielgruppe – die YouTuber. YouTube hat seit dem Jahr 2014 einen großen Boom erlebt. Die größten Fan-Gemeinden in Deutschland umfassen über 4 Mio. Follower. Spitzenreiter ist Stand Februar 2018 freekickerz mit sogar 6,14 Mio. Fans (vgl. Wikipedia, Liste der meistabonnierten YouTube-Kanäle in Deutschland, 2018).

Der Influencer ist eine Einzelperson, die sich aufgrund ihres Engagementsoder ihrer Kompetenz auf einem speziellen Gebiet einen

Namen gemacht hat. Influencer-PR ist ein Instrument des Digital Marketings, über das man ein breites Publikum erreichen kann. Als Multiplikatoren und Meinungsführer stehen die Influencer im Zentrum ihres eigenen Netzwerks und binden Freunde und Follower an sich. Sie geben zu bestimmten Themen den Ton an: Was sie schreiben, kommentieren und bewerten, wird von vielen Followern häufig als Tatsache akzeptiert und nicht immer reflektiert – für Agenturen und Unternehmen eine willkommene Ausgangslage. Dennoch: Ein Allheilmittel ist Influencer-PR nicht. Auch hier gilt: Mehr Qualität statt Quantität. Eine hohe Reichweite allein ist nicht ausreichend. Wenn ein YouTube-Star heute für eine spezielle Marke und morgen für eine nächste, andere Marke schwärmt – wie groß ist dann noch seine Authentizität? Jedes Unternehmen muss den für die eigene Zielgruppe passenden Influencer finden. Nur so macht die Zusammenarbeit Sinn und wird zum gewünschten Erfolg führen.

> **Ihr Transfer in die Praxis**
> - Identifizieren Sie Blogger, deren Leser für Sie eine interessante Zielgruppe sind.
> - Finden Sie heraus, wie diese Blogger angesprochen werden wollen.
> - Gibt es zu Ihren Themen auch besonders reichweitenstarke Influencer (YouTuber, Instagrammer o. ä.), die Sie ansprechen könnten?

Literatur

Gerstenberg, F. 2016. Im Gespräch mit…. http://blog.fabiangerstenberg.de. Zugegriffen: 21. Juni 2016.

Graham, B. L. 2016. Friday, September 10, 1999 (Blogpost). http://www.bradlands.com/weblog/comments/september_10_1999/. Zugegriffen: 30. Juni 2016

Wikipedia. 2018. Liste der meistabonnierten YouTube-Kanäle in Deutschland. https://de.wikipedia.org/wiki/Liste_der_meistabonnierten_YouTube-Kan%C3%A4le_in_Deutschland. Zugegriffen: 1. März 2018.

Teil II

Erfolgreiche Online-PR im Social Web

5
Die ersten Schritte und Überlegungen

> **Was Sie aus diesem Kapitel mitnehmen**
> - Wie wichtig die Identifizierung der Unternehmensstärken ist.
> - Wie wichtig ein stabiler Fahrplan für die Strategie ist.

Online-PR ist als Teil der Presse- und Öffentlichkeitsarbeit eine Disziplin, in der ähnliche Ziele wie mit klassischer Public Relations erreicht werden sollen: Aufmerksamkeit auf Produkte, Dienstleistungen und Unternehmen lenken, Reichweite erhöhen, Meinungen ändern oder verstärken und letztlich Multiplikatoren und Zielgruppen begeistern und an das eigene Unternehmen binden. Die Social Relations als das Pflegen von sozialen Beziehungen sind ein wesentlicher Baustein der Online-PR, die eines besonderen Fingerspitzengefühls bedürfen.

Um innerhalb der Online-PR mit Social Relations erfolgreich zu sein, müssen sich Unternehmen im Rahmen einer Bestandsaufnahme vorab auf die eigenen Stärken und Schwächen besinnen. Bereits bei diesen ersten Überlegungen ist Querdenken angesagt. Gibt es vielleicht in Ihrem Unternehmen eine Stärke, die auf den ersten Blick gar nicht nennenswert erscheint, die aber in den sozialen Netzwerken durchaus genutzt werden kann? Gerade emotionale Themen, die in der klassischen PR keinen Platz hätten, sind dafür oft gut geeignet. Aus dem Ergebnis einer solchen Bestandsaufnahme lassen sich dann Chancen und Risiken ableiten, die alle beachtet und durchdacht werden sollten. Diese erste Analyse bildet die Basis für ein entsprechendes PR-Konzept, dessen Erstellung in zahlreichen anderen Ratgebern erklärt ist. Nachdem Sie Ziele und Ziel- bzw. Bezugsgruppen konzeptionell definiert haben, kann auf dieser Grundlage eine Strategie entwickelt und konkrete Maßnahmen können geplant werden. In diese Planung sollte viel Mühe investiert werden. Denn nur ein stabiler Fahrplan ermöglicht es, auch in ungeplanten Situationen die richtigen Dinge zu tun.

Die Grundregel, dass Inhalte einen Newswert haben oder für die Zielgruppe einen Mehrwert darstellen müssen, gilt für Online- ebenso wie für Offline-PR. Ein großer Vorteil von digitaler Kommunikation ist allerdings, dass Inhalte in wesentlich höherer Geschwindigkeit verbreitet werden können. Außerdem bietet das Social Web einen sehr abwechslungsreichen, vielseitigen Rahmen für Kommunikationsmaßnahmen. Prüfen und nutzen Sie die unterschiedlichen Kanäle, denn Sie erreichen an unterschiedlichen Stellen auch unterschiedliche Menschen.

Kostenlose wie auch kostenpflichtige Online-Presseportale sollten im Rahmen einer erfolgreichen PR-Arbeit vermieden werden. Diese zahlreichen digitalen Plattformen führen zu Duplicated Content – gleicher Inhalt an mehreren Stellen im Internet – und entwerten die kommunizierten Unternehmensinhalte enorm. Ähnlich wie in der klassischen PR-Arbeit, in der Journalisten kein Interesse an Massenaussendungen zeigen, bevorzugen Multiplikatoren und Influencer im Rahmen ihrer Online-Recherche exklusive oder zumindest individuelle Inhalte.

Das grundlegende Handwerkszeug für gute PR-Arbeit muss man kennen und beherrschen – egal, ob man offline oder online kommuniziert. Und an vielen Stellen gleichen sich die Regeln. Einige Besonderheiten gibt es in den sozialen Netzwerken aber doch, die man dringend beachten sollte.

Ihr Transfer in die Praxis
- Definieren Sie die Stärken Ihres Unternehmens. Kommen Sie eventuell auf mehrwertige Inhalte, auf die Sie Ihre Kommunikation aufbauen können?
- Wie sieht Ihr Handwerkszeug für gute PR-Arbeit im Unternehmen aus?

6
Mit Bloggern in Kontakt treten

> **Was Sie aus diesem Kapitel mitnehmen**
> - Tipps für die erste Kontaktaufnahme mit Bloggern.

Der Großteil aller Blogger und Social Influencer hat nicht vor, den klassischen Journalismus zu ersetzen. Im Gegenteil: Kaum ein Blogger kann mit dem Blog seinen Lebensunterhalt verdienen. Die meisten Texte entstehen in der Freizeit der Blogger und sind damit nicht kommerziell. Genau damit werden Blogs so authentisch und letztlich auch für die PR wertvoll. Bloggerberichte sind neutral, zumindest werden sie von den Lesern so wahrgenommen. Sie genießen ein großes Vertrauen bei der Zielgruppe.

Dies können sich Unternehmen durch gezielte und professionelle Blogger- Relations zunutze machen. Aber Achtung: Hinter jedem Blog steckt ein Individuum.

Die Kommunikation mit Bloggern kann und darf also niemals nach dem Gießkannenprinzip erfolgen. Im Gegenteil: Man muss sich jeden Kontakt persönlich und individuell erarbeiten und ihn dann genauso auch pflegen. Ein schönes Bild, das diese Notwendigkeit verdeutlicht: Würden Sie sich mit einem potenziellen Geschäftspartner zu einem

Geschäftsessen im Restaurant treffen, ohne dessen Namen zu kennen und sich vorab zumindest ein wenig über seine Hintergründe informiert zu haben? Sicherlich nicht. Daher gilt: Kein „Sehr geehrte Damen und Herren", keine Standardtexte, kein Über-einen-Kamm-scheren.

Wenn nicht so, wie dann? Im Folgenden finden Sie einige hilfreiche Tipps für den Erstkontakt mit Bloggern:

Hilfreiche Tipps für den Erstkontakt mit Bloggern
1. Die meisten Blogger berichten im Impressum oder auf einer speziellen „Über mich"-Seite, wer sie sind, warum sie den Blog schreiben, aber auch, wie sie angesprochen werden möchten. Halten Sie sich unbedingt an diese Vorgaben.
2. Achten Sie auf eine persönliche Ansprache, Massenmails landen bei Bloggern meist direkt im Papierkorb. Zeigen Sie durch einen konkreten inhaltlichen Bezug, dass Sie den Blog tatsächlich gelesen und echtes Interesse daran haben.
3. Fassen Sie sich kurz und zeigen Sie schnell: Wer sind Sie? Was wollen Sie? Was ist der Mehrwert für den Blogger? Warum sollte er eine Kooperation mit Ihnen eingehen? Kommen Sie zu spät auf den Punkt, besteht die Gefahr, dass Ihre Mail doch nur im Papierkorb landet.
4. Treten Sie immer als konkrete Person und nicht nur anonym als Unternehmen auf. Reagieren Sie auf Feedback des Bloggers immer mit derselben Person. Nur so kann eine echte persönliche Beziehung aufgebaut werden.
5. Formulieren Sie frei von flachen PR-Floskeln und vermeiden Sie eine zu werbliche Sprache. Kurze Sätze und eine übersichtliche Gliederung sind zwingend. Hier gleichen sich Blogger und Journalisten. Keiner möchte sich durch eine Bleiwüste kämpfen.
6. Überlegen Sie gut, wann und wie Sie einen Blogger kontaktieren. Ein telefonischer Kontakt ist sehr persönlich und direkt. Manche hauptberufliche Blogger bevorzugen ein Telefonat und sind auch zu den üblichen Geschäftszeiten erreichbar. Aber bedenken Sie: Der Großteil der Blogger geht einem anderen Broterwerb nach. Ein Anruf tagsüber kann im Job stören und daher nicht gut ankommen. Weichen Sie ggf. auf passende Uhrzeiten aus.

7. Beteiligen Sie sich mit wertvollen Kommentaren direkt in den Blogs Ihrer Wunschkontakte. So zeigen Sie echtes Interesse und bleiben im Gedächtnis des Bloggers. Denn eines steht fest: Ein Blogger liest jeden Kommentar auf seiner Seite. Eine E-Mail jedoch wird eventuell ungelesen weggeklickt.
8. Viele Blogger sind auf verschiedenen Social-Media-Kanälen unterwegs. Denken und handeln Sie deshalb immer crossmedial, dann können Blogger eventuell auf verschiedenen Wegen angesprochen werden.
9. Auch Blogger pflegen ihre Kontakte gerne offline. Es finden immer wieder Bloggertreffen, Barcamps, Stammtische o. ä. statt, wo man leicht ins Gespräch kommt. Auge in Auge lässt sich so manches Gespräch besser führen. Und kommt jemand zu einem solchen Treffen, bringt er Zeit mit und natürlich auch die Lust zu kommunizieren.
10. Pflegen Sie Ihre Kontakte, indem Sie Ihr Wissen über bevorzugte Kontaktwege, Interessen usw. der Blogger festhalten, um immer wieder darauf zugreifen zu können. Halten Sie den Kontakt, auch wenn gerade keine akute Kooperation ansteht. Denn im Fall der Fälle beginnt man so nicht wieder bei Null.

Ihr Transfer in die Praxis

- Identifizieren Sie einige für Sie relevante Blogger und studieren Sie deren Impressen bzw. Über-mich-Seiten.
- Gehen Sie die zehn Punkte in diesem Kapitel durch und machen Sie einfach mal einen Versuch. Wie war die Reaktion?

7
Influencer überzeugen

> **Was Sie aus diesem Kapitel mitnehmen**
> - Wie Sie die Top-Influencer zu Ihrem Thema identifizieren.
> - Tipps und Tools dazu, auf was es zu achten gilt.
> - Ein Fallbeispiel.

Die gleichen Regeln gelten für die Kontaktanbahnung mit viel beachteten und mittlerweile stark professionalisierten Influencern, die auf anderen Kanälen tätig sind. Auf drei wesentliche Punkte müssen Agenturen und Unternehmen achten, wenn Sie mit Social Influencern zusammenarbeiten möchten:

1. Reichweite
2. inhaltliche Kongruenz
3. Nachhaltigkeit

Der Influencer muss eine relevante Reichweite zur Verfügung stellen. Im Lifestyle- oder Sportbereich müssen Reichweiten beispielsweise hoch sein, wenn eine große Zielgruppe erreicht werden soll. In Nischenbranchen im B-to-B-Bereich, wie z. B. in der Medizintechnik können schon Followerzahlen unter 500 relevant sein.

Auf der Suche nach den richtigen Influencern helfen mittlerweile eine Vielzahl von Online-Datenbanken, wie z. B. www.influencerdb.net, http://buzzsumo.com/ oder https://www.twingly.com sowie auf Influencer-Relations spezialisierte Dienstleister, die den Markt für die verschiedensten Branchen genau im Blick haben.

Die Passgenauigkeit zum Unternehmen ist wichtig, um Streuverluste zu vermeiden. Je besser die allgemeinen Inhalte des Influencers zur eigenen Unternehmenswelt passen, desto größer kann die gezielte Massenverteilung von Inhalten an die definierte Zielgruppe sein.

Ob eine Kooperation mit einem Influencer nachhaltig sein kann, ist unter anderem daran auszumachen, wie lange dieser bereits in seinem Segment erfolgreich ist. Förderlich ist generell, wenn sich der Multiplikator für das Unternehmen bzw. für das zu bewerbende Produkt begeistern lässt. Denn letztlich ist die Qualität der Kooperation davon abhängig, wie stark die Bindung des Influencers an das Produkt ist.

Oft ist es so, dass Kooperationen durch Anfragen spezialisierter Agenturen zustande kommen. Experten, die bereits über ein gutes Netzwerk zu Online- Multiplikatoren verfügen, stellen Kontakte her. Aber auch direkte Anfragen durch Unternehmen via E-Mail sind in der Branche nicht unüblich.

In einem ersten Schritt sollten Agenturen und Unternehmen aber die Zielplattform (das Blog, den YouTube-Kanal usw.) sehr genau beobachten und anschließend Folgendes überlegen: Welche Inhalte könnte der Influencer benötigen, um eine Geschichte zu schreiben, die seine Zielgruppe „fesselt". Wie müssten die entsprechenden Inhalte aufbereitet sein? Was fehlt dem Influencer an Support? Womit kann der Influencer unterstützt werden? Der Multiplikator darf sich keinesfalls als Verwalter einer Werbeplattform, die möglichst kostenlos ausgenutzt wird, angesprochen fühlen. Außerdem hat er kein Interesse an vorgefertigten Textbausteinen oder Pressetexten, die an anderer Stelle im Web bereits veröffentlicht sind. Diese Form des Duplicated Content würde die Bedeutung der Online-Seite des Multiplikators entwerten. Influencer benötigen – wie auch die Redakteure klassischer Medien – exklusive Inhalte, die zu den Inhalten der jeweiligen Plattform passen. Insofern ist die Zusammenarbeit mit Bloggern nicht anders als die mit Printredakteuren.

7.1 Fallbeispiel NGO: ein Influencer für WWF Deutschland

Die Umweltschutzorganisation und NGO WWF Deutschland nutzte das weltgrößte Videoportal YouTube mit einer speziellen Social-Media-Aktion im Jahr 2015, um Reichweite und Engagement zu erzielen. „Vor allem junge Menschen sollten erreicht und mobilisiert werden", sagt WWF-Kommunikationschef Marco Vollmar. Da YouTube als wichtigste Suchmaschine junger Zielgruppen gilt – noch vor Google –, war schnell klar, dass für diesen Kanal ein entsprechendes Format entwickelt werden muss. „Der WWF setzt bei seinen Kampagnen fast immer auf Partner und Kooperationen. Denn nur wer Kräfte bündelt, bekommt am Ende entsprechend Aufmerksamkeit", so Vollmar. Unter den Top-20-YouTubern suchte der WWF schon lange vor der Kampagne nach passenden Verbündeten oder Influencern. Simon Unge ist wegen seiner Glaubwürdigkeit, seinem authentischen und nachhaltigen Lebensstil sehr schnell in den Fokus der NGO gerückt.

Um auf YouTube erfolgreich zu sein, muss dem Abonnenten verlässlicher und spannender Inhalt geboten werden. Der WWF setzte dabei auf das von Google entwickelte strategische Konzept von Hygiene-, Hub- und Hero-Content.

Mit Hygiene-Inhalten sind klassische Themen der Natur- und Umweltschutz-Organisation gemeint, die von den Usern gesucht und auch erwartet werden. Unter Hub-Inhalten versteht man kontinuierlich hergestellte Formate, die unterhaltsam und wiederkehrend sind. Hier hat der WWF Deutschland mit dem Format „Öko mit Uke" ein sehr erfolgreiches Umwelt-Tipp-Format entwickelt und am Markt platziert. Hero-Content sind sogenannte „Heldengeschichten", die punktuell und gezielt große Aufmerksamkeit und Reichweite erzielen. In diese Kategorie fällt die Kooperation mit Simon Unge. Der Deal: Der WWF zahlte Simon Unge Flugtickets in den Amazonas, er filmte sich dabei selbst – ließ sich aber auch während seiner Vorbereitung und vor Ort vom WWF filmen. Die dabei entstandenen Filme veröffentliche Unge auf seinem eigenen Kanal. Einzige Vorgabe des WWF: Es müssen parallel auch Videos auf dem Kanal des WWF veröffentlicht werden (Abb. 7.1). Vor dieser Partnerschaft hatte WWF rund 400 verschiedene Videos und weniger als 4000 Abonnenten. „Innerhalb eines Jahres konnte die Abonnentenzahl auf 20.000 Abonnenten verfünffacht werden. Ein Riesenerfolg für den WWF", weiß WWF-Digitalchef Marco Vollmar.

„Unser Erfolgsrezept: Wir haben den kommunikativen Kontrollverlust bewusst mit eingeplant." Es wurden keine Scripts verfasst und dem Influencer Unge wurde bei der Gestaltung seiner Videos bewusst freie Hand gelassen. Die Zusammenarbeit basierte auf Vertrauen und dem Wissen, dass man die gleichen Ziele verfolgt. Ein Honorar für die Erstellung und Verbreitung der Videos wurde nicht gezahlt. Als Gegenleistung erhielt Simon Unge vielmehr die Möglichkeit, sein Markenimage um die Werte „grün", „bewusst" und

Abb. 7.1 UNGE mit dem WWF im Amazonas. (Quelle: YouTube-Kanal des WWF Deutschland, Abruf: Juni 2016)

„nachhaltig" zu erweitern. Werte, die monetär nur schwer umzurechnen wären. Es ist davon auszugehen, dass die Community sehr schnell durchschauen würde, wenn ein Unternehmen zu stark Einfluss nehmen würde – und das könnte das geplante Ergebnis der Aktion ins Gegenteil verkehren.

Ein interessantes Learning aus dieser Kooperation: Nach der Aktion stieg die Anzahl der YouTube-Abonnenten des WWF zwar enorm und aus kanalstrategischer Sicht war diese Reichweitenerhöhung ein Erfolg. Für die anderen Social-Media-Kanäle des WWF ließen sich – trotz Verlinkungen – jedoch kaum Veränderungen bzgl. der Followerzahlen feststellen. Dies verdeutlicht, dass die verschiedenen Kanäle wie Facebook, Instagram usw. mit speziell auf die jeweiligen Plattformen abgestimmten Aktionen bearbeitet werden müssen.

7.2 Die Richtigen finden

Der WWF hat in Simon Unge einen passenden Influencer gefunden – und war damit sehr erfolgreich. Für Agenturen und Unternehmen stellt sich also zuerst die Frage: Welche Influencer bzw. Blogs sind überhaupt für die eigenen Ziele relevant? Hierzu finden Sie einige Ideen, wie Sie in der unendlich scheinenden Blogosphäre die Spreu vom Weizen trennen können:

1. Machen Sie sich schlau. Welche Blogs zu dem anstehenden Themengebiet lesen Sie selbst gerne? Sollten Sie sich mit dem betreffenden Thema nicht auskennen, fragen Sie Kollegen und Freunde nach deren bevorzugten Blogs. Die noch bessere Variante: Fragen Sie Ihre Kunden, welche Blogs bei ihnen hoch im Kurs stehen. So landen Sie direkt in der Zielgruppe.
2. Regelmäßig werden Rankings erstellt, die Ihnen Auskunft über die Reichweite von Blogs geben. Gerade für breite Themen mit großer Reichweite können Sie z. B. bei www.deutscheblogcharts.de u. ä. fündig werden. Nutzen Sie dann aber auch die Blogrolls der ausgewählten Seiten, um auf Nischenbereiche aufmerksam zu werden, die in den Reichweiten-Rankings keine Rolle spielen.

3. Überhaupt helfen Ihnen Ihre Blogger-Kontakte beim Auffinden weiterer potenzieller Partner. Denn Blogger sind sehr gut untereinander vernetzt. Nutzen Sie diese Tatsache, um auch Ihr Netzwerk zu erweitern. Auf welche Blogs wird häufig verlinkt oder verwiesen? Welche Blogs finden sich in der Blogroll (Abb. 7.2)?
4. Auch eine Google-Suche kann Sie schon weit bringen. Ergänzen Sie ihren Suchbegriff um „inurl:blog". Im Suchergebnis werden Ihnen dann nur Seiten angezeigt, in deren URL „blog" vorkommt. Das grenzt die Treffer in die richtige Richtung ein. Suchen Sie nach Ihrem Unternehmensnamen ergänzt um „inurl:blog", so finden Sie die Blogs, die Ihr Unternehmen bereits in Beiträgen oder Kommentaren erwähnt haben. Die Reihenfolge der Suchergebnisse sagt schon viel über Reichweite und Verlinkung eines Blogs aus. Daher finden sich weiter oben wahrscheinlich die Blogs, die für Sie von hoher Relevanz sein können.
5. Haben Sie einen oder mehrere Blogs identifiziert, dann prüfen Sie sogleich folgende Dinge: Erscheinen Posts regelmäßig? Sind die Inhalte gut verfasst, unterhaltsam, spannend? Gibt es einen Mehrwert für die Leser? Passen die Inhalte tatsächlich zu

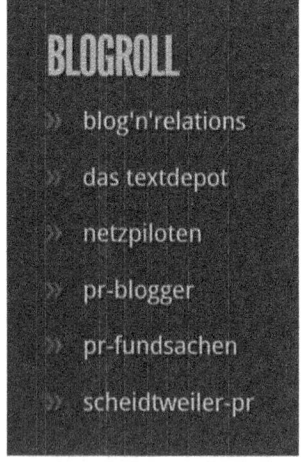

Abb. 7.2 Beispiel Blogroll. (Quelle: https://fabiangerstenberg.wordpress.com/, Abruf: Mai 2018)

Ihrem Unternehmen? Treffe ich mit diesem Blog wirklich meine Zielgruppe? Beachten Sie aber auch: Ist das Design ansprechend, sodass man gerne auf der Seite verweilt, um zu lesen?

6. Prüfen Sie gleich die Kooperationsbereitschaft des Bloggers. Finden sich im Impressum oder im „About-me"-Bereich eindeutige Aussagen zum Thema Kooperationen? Wenn dies nicht der Fall ist: Gibt es eventuell alte Artikel, die auf Kooperationen hinweisen? Auch das Vorhandensein von Mediadaten spricht dafür, dass Kooperationen zumindest nicht ausgeschlossen sind (Abb. 7.3). Sollten Sie an irgendeiner Stelle eindeutige Hinweise darauf finden, dass eine Zusammenarbeit nicht gewünscht ist, streichen Sie den Blog gleich von Ihrer Liste.

Haben Sie einige Blogs gefunden, die interessant und passend erscheinen, brauchen Sie trotzdem Zeit, um die tatsächliche Relevanz für Sie abschätzen zu können. Nur wenn Sie den Blog regelmäßig lesen

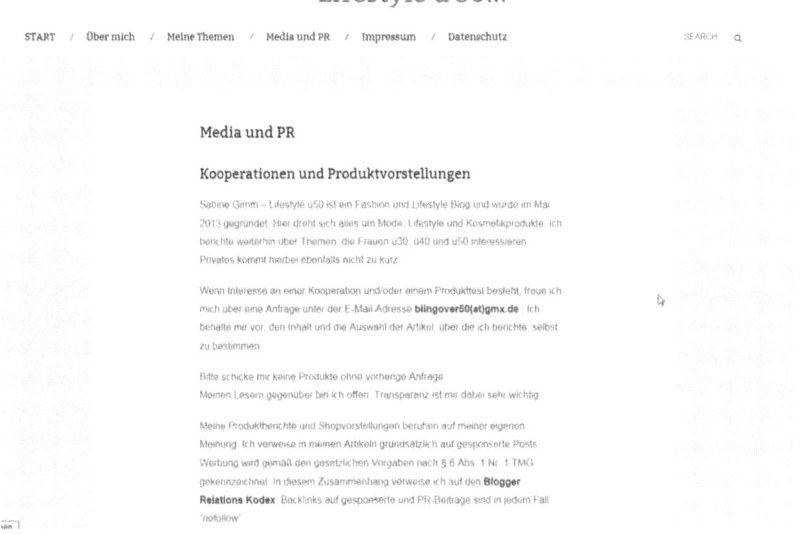

Abb. 7.3 Beispiel About Me. (Quelle: https://blingblingover50.de, Abruf: Mai 2018)

und verfolgen, erhalten Sie ein abschließendes Bild. Dieser Aufwand lohnt sich jedoch sehr, denn haben Sie eine Liste mit relevanten und guten Blogger-Kontakten zusammen, können Sie mit deren Hilfe Ihre Zielgruppe direkt und vor allem authentisch erreichen.

> **Ihr Transfer in die Praxis**
> - Investieren Sie Zeit in die Suche nach den optimalen Influencern.
> - Planen Sie Budget dafür ein!
> - Recherchieren Sie, nutzen Sie Tools und fragen Sie Kunden bzw. Ihre Zielgruppe nach Top-Influencern.

8

Eigene Social-Media-Kanäle

> **Was Sie aus diesem Kapitel mitnehmen**
> - Wie wichtig eine nach allen Regeln der Kunst gestaltete Website ist.
> - Wie Corporate Blogs, Twitter- oder Facebook-Accounts Ihren Kommunikationserfolg unterstützen können.

Muss ich – um im Netz erfolgreiche Online-PR zu betreiben – als Unternehmen einen eigenen Blog, Twitter- oder Facebook-Account betreiben? Oder kann ich mich ausschließlich auf Kooperationen mit ausgewählten Multiplikatoren verlassen, um meine Inhalte zu teilen und meine Zielgruppe zu erreichen? Am allerwichtigsten ist: Unternehmen benötigen zwingend eine fundierte, nach allen Regeln der Online-Marketing-Kunst entwickelte Basis im Netz – eine eigene Website. Hierauf sollte es auch einen Blog geben. Es muss nicht zwingend ein Twitter- oder Facebook-Account sein, denn soziale Netzwerke kommen und gehen. Gute Beispiele hierfür sind die abnehmende Bedeutung von Google+, MySpace und StudiVZ. Aber alle User, die Sie direkt an Ihre Webseite oder einen gut gemachten Firmenblog binden, bleiben Ihnen erhalten. Sie können die Fäden in der Hand halten und selbst entscheiden, mit welchen Inhalten Sie Ihre Community versorgen. Wenn Sie es richtig angehen, können Sie die interessierten Nutzer zu echten Markenanhängern machen.

Wenn Sie es geschafft haben, eine interaktive Community zu bilden, dann müssen Sie sich um diese auch kümmern und sie pflegen. Daher planen Sie neben einer Kommunikationsstrategie bereits im Voraus ausreichend Zeit und Manpower ein, um diese auch umzusetzen.

Ebenso müssen Sie stets beachten, auf welchem Kanal Sie gerade unterwegs sind. Die Anforderungen, einen Twitter-Account erfolgreich zu gestalten, unterscheiden sich grundlegend von Dingen, die zu tun sind, um einen Corporate Blog gut aufzubauen und zu pflegen.

Welcher Social-Media-Kanal zu Ihnen passt, sollte im Vorfeld gut geprüft werden. Machen Sie sich die Eigenheiten des jeweiligen Netzwerkes bewusst und richten Sie Ihre Kommunikation nach diesen Eigenheiten aus.

8.1 Corporate Blog

Ein geeigneter Kanal für kontinuierliche Öffentlichkeitsarbeit ist ein Corporate Blog. Sicherlich können Blogs auch gut für zeitlich begrenzte Aktionen im Social Web genutzt werden. Betreiben Sie Ihr Corporate Blog jedoch dauerhaft, bringt Ihnen dies gleich mehrere Vorteile:

1. Mit Ihrem Blog können Sie Agenda Setting betreiben. Sie setzen Themenschwerpunkte und können gleichzeitig Ihre Expertise kommunizieren. So werden Sie Meinungsbildner und fachgerechter Ansprechpartner zugleich.
2. Das regelmäßige Veröffentlichen von Texten zu ähnlichen Themengebieten ist gleichzeitig gut für Ihre SEO. Durch regelmäßig aktualisierte Inhalte auf Blogs und anderen Webseiten steigt Ihre Auffindbarkeit bei Google und Co., da die Suchmaschinen Sie als glaubhaft und wertig ansehen.
3. In Ihren Blogbeiträgen können Sie Themen und Informationen jenseits von sachlichen, neutralen Meldungen veröffentlichen. Einblicke in das Unternehmen, aber auch Neuigkeiten zu Projekten und Produkten

können wesentlich emotionaler und unterhaltsamer dargestellt werden, als dies in einer professionellen Pressemitteilung möglich ist.
4. Die Leser Ihres Blogs werden die Inhalte, wenn sie ihnen gefallen – wie in den sozialen Netzwerken üblich – teilen. Damit erreichen Sie und Ihre Marke automatisch mehr Präsenz.
5. Über die Kommentarfunktion eines Blogs erhalten Sie wertvolles Feedback von der Community. Außerdem können Sie sich so mit anderen Multiplikatoren austauschen und vernetzen.
6. Im Gegensatz zu Facebook und anderen fremdgesteuerten Kanälen können Sie in Ihrem eigenen Blog PR-Aktionen und Gewinnspiele ganz nach Ihren eigenen Vorstellungen und Wünschen durchführen. Es gibt keine extern vorgeschriebenen Guidelines für Promotion-Aktionen, an die Sie sich halten müssen.
7. Inhalte, die Sie in Ihrem Blog kommunizieren, können Sie gleichzeitig auch über andere Kanäle streuen. Damit präsentieren Sie die Information einer größeren Anzahl an Freunden und Followern und erhöhen durch die Mehrfachnutzung somit automatisch Ihre Reichweite. Durch die Streuung in andere Kanäle lenken Sie den Traffic auf Ihren Blog und damit gegebenenfalls von dort auch auf Ihre Webseite.

Die wichtigsten Punkte bei der Erstellung Ihres Blogs
1. Wählen Sie ein ansprechendes und übersichtliches Design. Selbstverständlich sollte es an Ihr Corporate Design angelehnt sein und außerdem Ihr offizielles Logo beinhalten. Nur so schaffen Sie es, dass Ihre Firma bzw. Ihre Marke mit dem Blog identifiziert wird.
2. Bauen Sie auf jeden Fall Social Plugins wie den Twitter- oder Facebook-Share-Button ein. Nur so können Ihre Leser die Texte unkompliziert weiter empfehlen und damit die Reichweite erhöhen.
3. Nutzen Sie in Ihrem Blog alle Möglichkeiten, die die Mulitmediawelt bietet. Neben Texten können Bilder und Videos eingebunden werden. Solche dynamischen Inhalte können in andere Netzwerke wie YouTube oder Instagram geteilt werden und bringen damit auch noch einmal mehr Reichweite.
4. Verlinken Sie nur auf vertrauenswürdige und zuverlässige Quellen, die Sie auf Richtigkeit hin geprüft haben.
5. Vermeiden Sie in Ihrem Blog unbedingt Rechtschreib- und Grammatikfehler. Ihr Blog soll ein Aushängeschild für Ihr Unternehmen sein.

Wenn Sie diese Punkte beachten und es zusätzlich immer wieder schaffen, die Themen ihres Blogs zielgruppengenau auszurichten, kann Ihr Corporate Blog Ihre mediale Präsenz sehr gut bereichern und untermauern.

Allerdings ist der Aufbau von Reichweite ein extrem aufwendiges und lang andauerndes Unterfangen. Das funktioniert entweder mit sehr hohem Budget oder sehr viel Geduld. Und wenn man schneller und günstiger Reichweite benötigt, kommt man an wichtigen Bloggern und Influencern nicht vorbei.

8.2 Twitter

Für den Mikroblogging-Dienst Twitter muss die Botschaft in maximal 280 Zeichen verpackt sein. Ihre Follower sollten regelmäßig, ggf. sogar mehrfach täglich mit Kurzbotschaften versorgt werden. Außerdem sollte der Inhalt teilbar sein, denn bei Twitter ist das sogenannte Retweeten, also das Weitergeben der Meldungen ein wichtiger Erfolgsfaktor für die Reichweite. Im Idealfall sollten Ihre Tweets deutlich unter 280 Zeichen lang sein. Denn im Falle eines Retweets werden weitere Zeichen zum Ursprungstext hinzukommen. Sollten Sie selbst Meldungen retweeten wollen, prüfen Sie stets den Wahrheitsgehalt der Meldung. Eine eventuell bestehende Persönlichkeitsrechtsverletzung aus dem ursprünglichen Tweet, kann auch eine Abmahnung für den Retweeter nach sich ziehen.

8.3 Facebook

Wenn Sie einen Facebook-Account pflegen, heißt ein Klick auf „Gefällt mir" noch lange nicht, dass Sie den User auch langfristig an sich gebunden haben. Ob Ihre Meldungen bei den Fans im Newsfeed erscheinen, entscheidet bei Facebook aber ein Algorithmus, der sogenannte EdgeRank. Je häufiger ein Fan Ihre Inhalte liked, teilt oder kommentiert, desto höher ist die Wahrscheinlichkeit, dass Ihre Meldungen immer wieder auf der Newsseite des Users angezeigt werden. Wieder einmal sei es also erwähnt: Content is King! Ihre Inhalte, die Sie Ihren

Fans zur Verfügung stellen, müssen interessant und unterhaltsam sein und einen Mehrwert für die Leser haben. Dies ist und bleibt die Basis für jede Form von erfolgreicher PR-Arbeit – besonders im Social Web.

Ihr Transfer in die Praxis
- Analysieren Sie die verschiedenen Kanäle Ihren Zielen entsprechend.
- Eignen sich einige Kanäle besser als andere?
- Wie sieht Ihr Mehrwert für Ihre Zielgruppe auf den unterschiedlichen Kanälen aus?

9
Imageaufbau und -optimierung

> **Was Sie aus diesem Kapitel mitnehmen**
> - Anhand welcher Indikatoren Sie Ihr Image im Social Web überprüfen können.
> - Wo Sie präsent sein sollten und wie Sie kommunizieren sollten, um ein positives Image aufzubauen.
> - Zwei Fallbeispiele.

Im Social Web sind viele Privatpersonen, also Laien, die Akteure. Hier liegt eine große Chance für Unternehmen und Organisationen, gerade wenn es um das Thema Imageaufbau und -pflege geht. Social Media Sites – unabhängig davon, ob es sich um fremde oder eigene Präsenzen handelt – sind die ideale Plattform für zielgerichtete Imagearbeit. Meinungen können durch diese Form der breitenwirksamen Kommunikation proaktiv beeinflusst werden.

Konstantes Monitoring der öffentlichen Dialoge in sozialen Netzwerken ermöglicht einen hilfreichen Einblick in die Netzgemeinde: Wie ist Ihr Ruf? Wie und was wird online über Ihr Unternehmen, Ihre Produkte oder Dienstleistungen diskutiert? Positiver wie auch negativer Kritik sollten Sie auf den jeweiligen Plattformen möglichst zeitnah in Form von empathischen Antworten oder Nachfragen entgegnen.

Generell sollten Sie im Dialog auf den eigenen Social Media Sites signalisieren, dass die Bedürfnisse der User ernst genommen werden. Dabei sollte auf vorgefertigte Textbausteine verzichtet werden, da diese als unpersönlicher Unternehmenskontakt empfunden werden können und somit kontraproduktiv für das Ziel eines positiven Imageaufbaus sind.

Auch Statusmeldungen auf entsprechenden Netzwerkseiten über beispielsweise relativ unbedeutende Unternehmenserfolge können förderlich für positiven Imageaufbau sein, wenn diese Inhalte auf unaufdringliche, charmante Weise kommuniziert werden. Diese sogenannten Randgeschichten können zu sympathiebedingten Weiterempfehlungen führen.

Viele unterschiedliche Maßnahmen, die im Rahmen der Öffentlichkeitsarbeit aufeinander abgestimmt sein müssen, unterstreichen die Komplexität einer erfolgreichen Imagepflege. Die Maßnahmen entscheiden, ob gewünschte Wahrnehmungen und Einstellungen entsprechend der eigenen Ziele erreicht werden können. Um zu bestimmen, wie die Maßnahmen wirken, gibt es drei Indikatorengruppen (vgl. Springer Gabler Wirtschaftslexikon 2016):

Kognitive Indikatoren
Unter der kognitiven Wirkung lassen sich Indikatoren der Wahrnehmung, wie Aufmerksamkeit, Verständlichkeit und Bekanntheit zusammenfassen. Durch regelmäßige Posts oder Tweets stellen Sie sicher, dass die Öffentlichkeit von Ihrem Unternehmen, Ihren Produkten und Dienstleistungen erfährt. Die Öffentlichkeit erhält die Möglichkeit, sich mit Ihren Leistungen auseinanderzusetzen.

Affektive Indikatoren
Unter der affektiven Wirkung lassen sich Gefühlslagen und Einstellungen zusammenfassen, die durch Kommentare/Posts bei der Öffentlichkeit ausgelöst werden. Dies fördert die Bewertungsgrundlage derjenigen, die Ihre Inhalte kontinuierlich empfangen.

Konative Indikatoren
Unter der konativen Wirkung lässt sich das Verhalten der Öffentlichkeit zusammenfassen. Handlungsabsichten und -durchführungen zählen zur

konativen Ebene. Einfacher gesagt: Durch effektive Kommunikation motivieren Sie die Community zum Handeln. Das Mitmachen, Kommentieren und Weiterempfehlen von Inhalten durch die Öffentlichkeit sind Erfolge von Imageoptimierung. Fordern Sie daher Ihre Fans und Follower immer wieder gezielt auf, selbst aktiv zu werden.

Noch vor wenigen Jahren wurden Online-Recherchen vonseiten der User größtenteils für technische Produkte durchgeführt. Inzwischen recherchieren Nutzer zu unterschiedlichsten Produkten und Unternehmen, um Bewertungen und andere Qualitätshinweise zu erhalten. Der eigene Dialog von Unternehmen ermöglicht hier eine aktive Gestaltung der Kommunikation mit Zielgruppen und eine höhere Auffindbarkeit eigener Positionen und Einstellungen.

Je stärker ein Unternehmen an der digitalen Mund-zu-Mund-Propaganda partizipiert, desto größer der eigene Einfluss auf stattfindende Diskussionen. Unternehmen können die Markenerfahrung und Markenloyalität mitgestalten, indem sie Follower zu Markenfans machen. Das regelmäßige Posten von Statusmeldungen gepaart mit unterhaltsamem Content kann zu kontinuierlicher Sympathie führen, die letztlich in echten Emotionen und einer konativen Wirkung resultieren.

9.1 Imageaufbau durch guten Service

Guter Service ist entscheidend für die Optimierung und den Aus- und Aufbau des Unternehmensimages. Dies gilt für Face-to-Face-Kommunikation wie auch für Aktivitäten im Social Web. Wenn Follower mit hilfreichen Tipps und Tricks versorgt, über Veranstaltungen informiert werden oder konkrete Fragen und Beschwerden in Echtzeit beantwortet bekommen, unterstreicht dies die Servicequalität des Unternehmens. Es sollten jedoch keine Serviceversprechen gemacht werden, die nicht gehalten werden können. Eine digitale Kommunikationsstrategie, in der die unterschiedlichen Service-Maßnahmen festgehalten sind, muss eine klare Linie aufzeigen, an der sich alle Beteiligten im Unternehmen orientieren können.

Neben der Kommunikation im B-to-C-Bereich eignet sich die Wirkungsmacht von Social Media auch für B-to-B-Kommunikation. Denn für eine Imageoptimierung im Geschäftskundensegment gelten die gleichen Grundsätze wie bei der Endkundenansprache – nur die Kommunikationskanäle unterscheiden sich. Während Kontakte zu Endverbrauchern eher über Netzwerke wie Facebook, Twitter und Blogs erfolgen, sind Portale wie XING oder LinkedIn für eine Kommunikation mit Geschäftskunden und -partnern geeignet. Auf diesen Businessportalen können durch Servicebeiträge in vorhandenen Gruppen oder eigenen Gruppen Erfolge erzielt werden (Abb. 9.1).

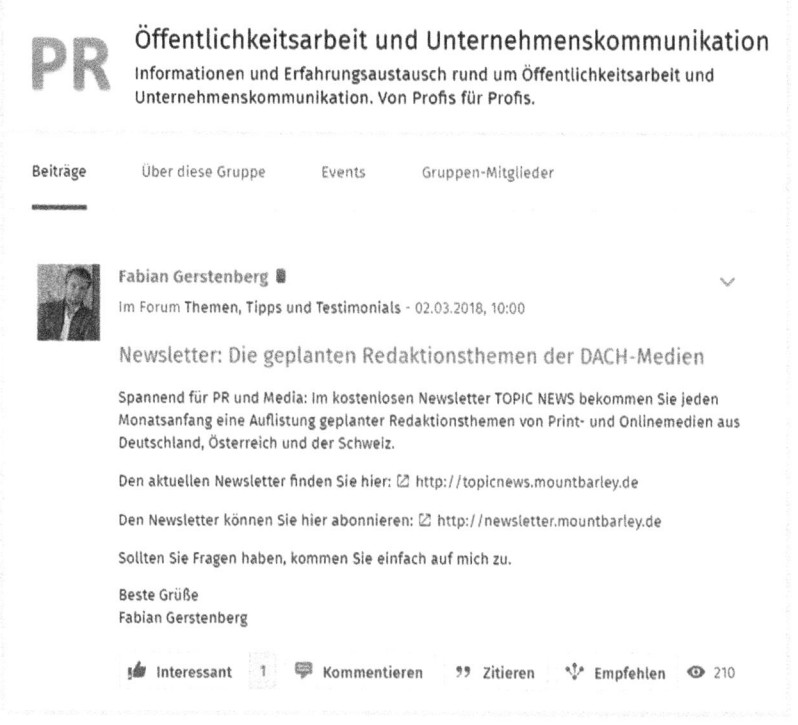

Abb. 9.1 Beispiel Servicebeitrag XING. (Quelle: www.xing.de, Abruf: März 2018)

9.2 In Communitys präsent sein

In Form von offenen und geschlossenen Communitys können Unternehmen ihren potenziellen Kunden bzw. ihren Followern und Partnern erklärungsbedürftige Produkte und Dienstleistungen näher bringen. Öffentliche Communitys eignen sich, um den Usern einen möglichst unkomplizierten Dialog anzubieten.

Viele Unternehmen nutzen hier die Chance, häufige Fragen und Antworten zu listen, die von der Community bewertet werden können. Aufgrund der Bewertung können die User entscheiden, welche Antworten besonders hilfreich sein könnten. Allein durch den Bewertungsprozess signalisiert das jeweilige Unternehmen eine kommunikative Offenheit, die sich positiv auf das Image auswirken kann.

Geschlossene Communitys, die nur einer ausgewählten Zielgruppe zur Verfügung stehen, können sinnvoll sein, wenn Inhalte zwischen Unternehmen und Usern ausgetauscht werden sollen, die nur für bestimmte Personenkreise relevant sind. Zu den geschlossenen Communitys zählen Mitgliedernetzwerke, in denen unter anderem über Fachthemen diskutiert wird. Über diesen Kommunikationsweg kann ein zielgerichteter Service geboten werden. Ausschlaggebend für die Qualität der Imageoptimierung ist eine andauernde Pflege und Betreuung der jeweiligen Communitys.

Verantwortliche Mitarbeiter sollten in Gruppen und Communitys persönlich vorgestellt werden, um Vertrauen aufzubauen. Ebenso ist hinsichtlich der Tonalität und Ansprache Konsequenz erforderlich: Wenn Sie sich im Unternehmen darauf verständigt haben, User online zu duzen, sollte dies von allen Kommunikatoren des Unternehmens eingehalten werden.

9.3 Dialog jenseits von Werbung

Ratschläge in Netzdialogen wirken positiv, wenn sie keinen werblichen Charakter erkennen lassen. Für sämtliche Online-Aktivitäten im Social Web gilt: Vermeiden Sie verkaufsaktivierende Formulierungen.

Der Nutzer möchte einen Dialog jenseits von Werbung. Lebensmittelhersteller können auf sozialen Kanälen beispielsweise Rezepthinweise posten, die von der Allgemeinheit verwertet werden können, ohne ein spezielles Produkt des jeweiligen Unternehmens kaufen zu müssen. Diese Form der serviceorientierten Kommunikation bietet sich auch an, wenn Kommentare vonseiten der Community auf sich warten lassen: Durch proaktive Tipps und Hinweise kann eine Interaktion innerhalb der Gruppe gefördert werden. Generell sollten Unternehmen über jeden Kommentar glücklich sein, und Kommentare nur gelöscht werden, wenn sie diskriminierende oder verletzende Inhalte aufweisen. Jeder einzelne Kommentar eines Nutzers fördert die Interaktion und damit Reaktionen aus der Netzgemeinde.

Angst vor negativen Online-Kommentaren und -Meinungen der User ist unangebracht, da die Selbstbestimmtheit von Unternehmen im Netz längst verloren gegangen ist. Versuchen Sie, in solchen Fällen immer freundlich, authentisch und zielgruppenorientiert zu reagieren – das sind die wesentlichen Erfolgsfaktoren in der digitalen Kommunikation.

9.4 Schnelle Reaktion bei Shitstorms

Die Reichweite der sozialen Medien und der Einfluss der Internetgemeinde sind groß. In Deutschland posten fast 30 Mio. aktive Nutzer Inhalte auf Facebook. Tägliche YouTube-Abrufe allein in Deutschland müssen in Milliarden gemessen werden. Gute virale Kampagnen – Inhalte, die auffällig, kreativ und witzig sind – können in großen PR-Erfolgen resultieren. Indem User die Inhalte vielfach teilen und andere User den Content wiederum erneut teilen, entsteht eine virale Kettenreaktion, die sich positiv auf das Image auswirken kann. Werden die Inhalte nicht als sympathisch wahrgenommen, kann die Masse an Reaktionen und Kundenmeinungen jedoch in einen Shitstorm münden. Eine ausufernde, massenhafte Kritik an einer Social-Media-Kampagne durch User darf von Unternehmensseite nicht ignoriert werden. Vielmehr muss das Unternehmen in solch einem Fall die Kritik bewerten und eine schnelle, zufriedenstellende Lösung für das Unternehmen und die User finden. Häufig ist im Rahmen der Krisen-PR eine zeitnahe, offizielle Erklärung zum Sachverhalt sinnvoll, um extern wie intern eine klare und glaubhafte Linie aufzuzeigen

9.5 Livestreams für Imagekampagnen nutzen

Facebook treibt den Echtzeit-Gedanken mit seiner neuen Funktion „Livestream" auf die Spitze. Seit Dezember 2015 bekommen US-User Benachrichtigungen, wenn ausgewählte Partner interessante Livestreams auf Facebook gestartet haben. Bislang war es nur iOS-Nutzern möglich, Livevideos auf Facebook zu streamen. Seit April 2016 sind diese Echtzeit-Streamings auch auf Android-Geräten möglich, sodass inzwischen jeder zu jeder Zeit seine Inhalte live übertragen kann. Übertragungen können direkt kommentiert oder mit Emojis versehen werden.

9.5.1 Fallbeispiel IKEA

Der Möbelriese IKEA hat diese relativ neue Funktion schnell aufgegriffen und mit seinem imageförderlichen Event „KULLERBYTTA – Tag des Purzelbaums" verknüpft. Zum Tag des Purzelbaums am 27. Mai 2016 lud das Unternehmen alle Kunden in seine deutschen Einrichtungshäuser ein, einen Purzelbaum zu schlagen (Abb. 9.2). Für jeden Purzelbaum spendete IKEA einen Euro an das Kinderhilfswerk UNICEF. Für die Purzelbäume lagen Gymnastikmatten von IKEA bereit, sodass gleichzeitig ein Produkt des Möbelhauses als Nebendarsteller auftauchte. Die Aktion wurde live aus dem Einrichtungshaus Wallau auf Facebook übertragen. Dort wurden neben der klassischen Vorwärtsrolle weitere Disziplinen wie das Zweier-Purzeln, das Synchron-Purzeln, das Staffel-Purzeln und das Hotdog-Purzeln zelebriert. Unter einem speziellen Hashtag konnten alle Purzler zudem ihren Purzelbaum auf Facebook und Instagram mit der Öffentlichkeit teilen.

Abb. 9.2 IKEA KULLERBYTTA für UNICEF. (Quelle: YouTube-Kanal von IKEA, Abruf: Juli 2016)

Ein Erfolg: Von der Ankündigung im Corporate Blog bis hin zum Livestream auf Facebook eine runde Sache.

Grundsätzlich sollten sich insbesondere spezialisierte und kleinere B-to-B-Unternehmen im Rahmen ihrer Imageoptimierung aber nicht nur auf reichweitenstarke Portale wie Facebook konzentrieren. Um Streuverluste zu vermeiden ist es wichtiger, dass Inhalte auch auf kleinen, dafür aber zielgruppenaffinen Plattformen geteilt werden.

9.5.2 Fallbeispiel BMW

Strategisch ist es immer sinnvoll, Fans und Follower durch Aktivitäten im Social Web auf die eigene Website zu führen, um dort den zuvor beschriebenen Kontrollverlust zu reduzieren und Handlungsaktivitäten der User zu kanalisieren. Daher sollte im Rahmen der Kommunikation auf sozialen Plattformen unaufdringlich auf die eigene Website bzw. den eigenen Blog hingewiesen werden.

So verlinkt beispielsweise BMW in vielen Facebook-Artikeln auf die eigene Website, auf der weitere Informationen zum jeweiligen Inhalt auf den Nutzer warten (Abb. 9.3). Einerseits kann sich das Unternehmen durch die unterschiedlichen Inhalte als Experte behaupten und damit den Imageaufbau vorantreiben. Andererseits lässt sich der User durch die Verlinkung zur eigenen Website hin zu den eigenen Produkten führen.

> **Zusammenfassung: die wichtigsten Social-Media-Grundsätze für ein positives Unternehmensimage**
> - regelmäßiges Schreiben und Posten von Inhalten
> - Inhalte nicht als anonymer Absender posten
> - niemals unwahre Inhalte posten
> - auf Augenhöhe mit den Usern kommunizieren
> - offensive Werbeinhalte vermeiden
> - stets verfügbar bzw. erreichbar für Fragen von Usern sein
> - Social Media Monitoring betreiben

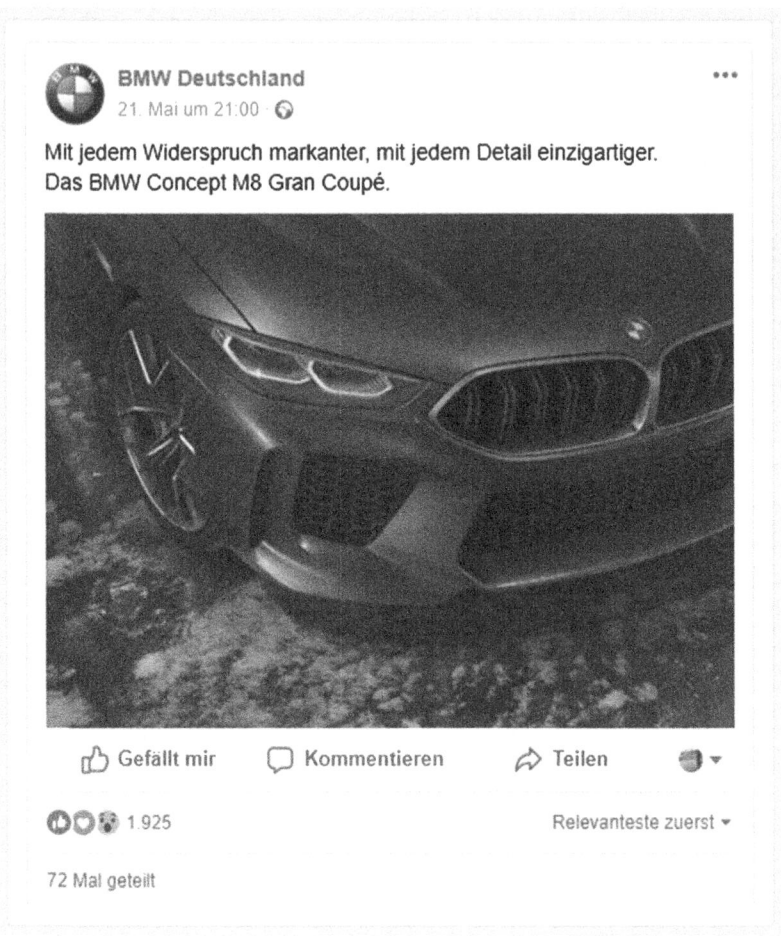

Abb. 9.3 BMW Facebook. (Quelle: Facebook-Account von BMW Deutschland, Abruf: Mai 2018)

Ihr Transfer in die Praxis

- Hinterfragen Sie sich: Bietet Ihr Unternehmen nutzwertige Zusatz-Services für Ihre Zielgruppe an?
- Steigen Sie in Communitys ein, diskutieren Sie mit, stellen Sie sich der kritischen Masse und platzieren Sie ganz sensibel Ihre mehrwertigen Contents.
- Sind Sie schnell genug? Haben Sie immer einen Krisenplan parat.
- Ziehen Sie die Möglichkeit eines Livestreamings in Betracht und haben Sie keine Angst vorm Scheitern.

Literatur

Springer Gabler, Hrsg. 2016. Wirtschaftslexikon. http://wirtschaftslexikon.gabler.de/Archiv/57548/image-v6.html. Zugegriffen: 15. Jan. 2018.

008# 10

Produkte vermarkten

> **Was Sie aus diesem Kapitel mitnehmen**
> - Wie konkrete Produktvemarktung im Social Web funktionieren kann.
> - Erkenntnisse aus Fallbeispielen und Interviews.

In den letzten Kapiteln ist es bereits deutlich geworden: Das Social Web bietet zahlreiche Möglichkeiten zur Vermarktung von Produkten, und Unternehmen können mit diesen Kanälen effektiv ihren Absatz und Umsatz steigern. Zum einen kann die Reichweite aufgrund der schier unendlichen Anzahl von Usern sehr hoch sein. Aber vor allem entstehen durch die direkte Kommunikation mit Fans und Followern Möglichkeiten, die auf klassischen Wegen nur mit auflagenstarken Printmedien zu erreichen sind. Außerdem lässt sich über Markenbotschafter und Influencer die Bekanntheit der eigenen Produkte und Dienstleistungen massiv stärken.

Letztlich lässt sich durch die interaktiven Echtzeitmedien nicht nur die Akzeptanz der eigenen Marke kontrollieren, sondern auch die Kaufbereitschaft erhöhen. Ebenfalls nicht zu vernachlässigen ist die Möglichkeit, über die sozialen Medien die Markenentwicklung voranzutreiben. Es gibt viele Möglichkeiten, Konsumenten in öffentlichkeitswirksame Aktionen und Kampagnen einzubeziehen. So verschaffen Sie sich mediale Aufmerksamkeit und erhalten das Gehör der gewünschten Zielgruppe. Für kleinere Unternehmen oder Start-ups besteht sogar die Möglichkeit, Ideen durch die Community finanzieren zu lassen. Das sogenannte „Crowdfunding", die „Schwarmfinanzierung", setzt sich mehr und mehr durch und ist ein weiteres Beispiel dafür, dass das Social Web tatsächlich ein Mitmach-Web ist.

> **Konkrete Produktvermarktung im Social Web – das müssen Sie beachten**
> 1. Die Kommunikation in den sozialen Medien findet in Echtzeit statt. Wenn Sie die Möglichkeit zu Feedback und Kommentaren geben, dann seien Sie auch bereit, zeitnah darauf zu antworten.
> 2. Im Social Web führen Sie einen Dialog mit der Community. Wie kommuniziert man in einem Dialog? Beide Gesprächspartner sollten im wahrsten Sinne des Wortes die „gleiche Sprache" sprechen – offen und transparent. Seien sie daher stets freundlich und höflich, versuchen Sie, Ihre Sprache an die Tonlage im Netz anzupassen und kommunizieren Sie authentisch.
> 3. Planen Sie ihre Aktivitäten und Kampagnen sehr genau, denn ist der Stein erst mal ins Rollen gekommen, kann es schnell voran gehen. Planen Sie also vorausschauend.
> 4. Bleiben Sie spontan und flexibel, denn so sind auch die Konsumenten. Seien Sie bereit, von Ihren Plänen abzuweichen, wenn dies nötig wird.
> 5. Content ist King. Bieten Sie den Usern regelmäßig nutzwertige, neue und spannende Inhalte und denken Sie daran, dass es weniger um Fakten, sondern vor allem um Emotionen und Stimmungen geht.

Erzählen Sie Geschichten

Wenn Sie nun eine Social-Media-Kampagne zu einem bestimmten Produkt planen, stellen Sie zu allererst sicher, ob deren Inhalte für die Zielgruppe relevant sind. Direkte Produktwerbung gehört nicht in die sozialen Kanäle. Ein User, der gezielte Produktinformationen sucht, geht direkt auf die Webseite eines Unternehmens. Vielmehr sollten Sie versuchen, Geschichten und Emotionen zu transportieren und darin Ihre Produkte und Dienstleistungen direkt oder indirekt mit einzubringen. In den sozialen Medien haben Sie die Möglichkeit, dem

Unternehmen ein Gesicht zu geben und es nach außen menschlicher zu gestalten. Zeigen Sie Dinge und Geschehnisse, die man sonst nicht von Ihrem Unternehmen erfahren hätte („Storytelling"). Letztlich wird auch die Bekanntheit Ihres Unternehmens bzw. des Produktes massiv gesteigert, wenn Sie positive Aufmerksamkeit erzeugen konnten oder Sympathien für Ihre Marke wecken konnten.

Eine Besonderheit der sozialen Medien ist, dass man auch mit kleinem Budget einiges erreichen kann. Daher bietet sich die Produktvermarktung über Facebook, Twitter und Co. gerade für kleine Unternehmen, Start-ups und Nischenmärkte an – man sollte aber eine kreative und überraschende Idee oder „Geschichte" haben, die es sich lohnt, weiter zu verbreiten.

10.1 Interview mit Julio Brinkmann: „Wir setzen in Zukunft verstärkt auf Videos."

Im folgenden Interview beschreibt Julio Brinkmann, Gründer und Inhaber des Start-up-Unternehmens sueco (http://www.sueco.de/) in München, wie er seine Lederprodukte über Kooperationen mit Blogs bekannt macht.

Cornelia Gerstenberg
sueco ist ein junges Unternehmen, das von jungen Menschen gemacht wird. Denkt man da überhaupt über klassische PR nach? Oder läuft sowieso alles automatisch über Social Media?

Julio Brinkmann
Ich finde es sehr wichtig, sich um alle Bereiche zu kümmern. Wir hatten bereits sehr gute Erfahrungen durch PR-Maßnahmen. Wenn dann ein toller Beitrag zudem noch online verfügbar ist, kann hier ein tolles Zusammenspiel zwischen PR und Social Media stattfinden. Das Problem für uns als junge Firma war und ist, dass man bei der klassischen PR oftmals nicht sehr weit kommt. Die Zusammenarbeit mit einer Agentur ist sehr teuer und man muss langfristig denken. Versucht

man es hingegen selber, ist dies mit sehr viel Arbeit verbunden, da Ansprechpartner und Kontakte mühsam rausgesucht werden müssen. Da wir momentan kein großes Marketingbudget haben, konzentrieren wir uns verstärkt auf Social-Media-Aktionen, welche das Potenzial haben, eine große Reichweite zu generieren und unsere Zielgruppe anzusprechen. Am wichtigsten sind hierbei die Kooperationen mit Bloggern, da die Tests unserer DIY-Sets viele Leser ansprechen, und diese Art der Werbung sehr ehrlich und transparent ist.

Cornelia Gerstenberg
Wie haben Sie die passenden Blogs für Ihre Produkte gefunden?

Julio Brinkmann
Zu Beginn haben wir eine große Recherche gemacht. Dabei haben wir mit Google nach Blogbeiträgen gesucht, welche zu unserer Thematik passen und in Datenbanken wie www.influencerdb.net recherchiert. Spannend war es auch, auf Instagram nach passenden Tags zu filtern und nach Beiträgen mit großer Reichweite und vor allem mit hoher Interaktion zu suchen. Das Schöne ist, dass nun auch immer wieder Blogger von alleine auf uns zukommen, da sie Beiträge über uns gelesen haben und das nun auch ihren Lesern vorstellen möchten. Es ist auch schon passiert, dass wir gar nicht mitbekommen haben, dass jemand einen Beitrag über uns geschrieben hat.

Cornelia Gerstenberg
Gab es auch Blogger, die kein Interesse am Testen des DIY-Kits hatten? Und wenn ja: warum?

Julio Brinkmann
Ja, das gab es natürlich auch. Meistens war der Zeitpunkt schlecht, da bereits zu viele Beiträge anstanden, oder es war kein Interesse da, das Produkt zu testen. Im Gegensatz zu anderen Produkttests muss der Blogger ja bei unseren Sets richtig arbeiten. Doch das tolle Endprodukt und das Erlebnis ist es für die meisten Tester wert. Das Feedback war bis jetzt super und wir haben einige tolle Tipps für Verbesserungen erhalten, die wir in die Weiterentwicklung der Produkte mit einbeziehen.

Cornelia Gerstenberg
Wie halten Sie den Kontakt zu den Bloggern, mit denen eine Kooperation zustande gekommen ist?

Julio Brinkmann
Dies ist wahrscheinlich ein Punkt, an dem wir noch arbeiten müssen. Die Kooperationen waren meist einmalig, und wir haben jetzt keine extra Zeit investiert, diese Kontakte weiter auszubauen. Das liegt wahrscheinlich auch daran, dass unser Produktsortiment momentan noch sehr klein ist, und es für die Blogger wichtig ist, keine Beiträge zu wiederholen. Da wir unser Geschäftsmodell jedoch auf weitere Bereiche wie z. B. personalisierte Tischdekorationen und Gastgeschenke aus Leder für Hochzeiten ausweiten, ergeben sich neue mögliche Kooperationen und Beiträge. Wir sammeln alle Blogger in einer Liste und werden diese bei neuen Produkten erneut anschreiben und uns gezielt melden.

Cornelia Gerstenberg
Welche Social-Media-Aktivitäten finden neben den Produkttests von Bloggern statt bzw. sind geplant?

Julio Brinkmann
Wir versuchen kontinuierlich Beiträge über Facebook und Instagram zu teilen und so langfristig an unserer Follower-Anzahl zu arbeiten. Wir möchten zeigen wie wir produzieren, welche neuen Produkte gerade entwickelt werden und versuchen, die User mit einzubeziehen. Als wichtigstes Format möchten wir in Zukunft verstärkt auf Videos setzen. Diese werden viel häufiger angesehen, und durch das automatische Abspielen auf Facebook wird die Aufmerksamkeit auf sich gezogen. Unsere Produkte bieten das natürlich an, da wir zeigen können, wie aus dem DIY-Set im Zeitraffer eine fertige Tasche wird oder auch wie unser Laser arbeitet und graviert. Zudem möchten wir die bereits verfassten Beiträge weiter nutzen. Wir werden auf den Artikelseiten der DIY-Sets die schönsten Blogger-Beiträge mit Bild und Link einbinden und unsere Kunden auffordern, die Testberichte zu lesen.

Cornelia Gerstenberg
Wie wichtig sind Ihre eigenen Plattformen (Webseite, Facebook usw.) für die Vermarktung Ihrer Produkte?

Julio Brinkmann
Da wir unsere Produkte momentan ausschließlich online vertreiben, spielt unsere eigene Website eine sehr wesentliche Rolle. Kunden haben die Möglichkeit, kostenlose Lederproben zu bestellen; auf Facebook können sie einen Blick hinter die Kulissen werfen und werden über Neuigkeiten auf dem Laufenden gehalten. Da der Informationsaustausch unserer Meinung nach jedoch bisher zu einseitig war, wollen wir unsere Fans und Interessenten noch viel mehr mit einbeziehen und sie an der Entwicklung von sueco teilhaben lassen.

Cornelia Gerstenberg
Vielen Dank und weiterhin viel Erfolg.

10.2 Interview mit Annalena Huppert: „Das Wichtigste für mich ist eine Kooperation auf Augenhöhe."

Die Antworten von Herrn Brinkmann zeigen es: Auch hinter scheinbar kleinen Aktionen und Kooperationen steckt viel Arbeit. Außerdem sollte man Kontakte stets „warm" halten, um sie bei der nächsten passenden Gelegenheit direkt wieder ansprechen zu können.

Wie hat nun die „Gegenseite" die Zusammenarbeit mit sueco empfunden? Annalena Huppert ist Lifestyle-Bloggerin in München. In ihrem Blog „Nummer Fünfzehn" (http://nummerfuenfzehn.com/) hat sie über ihre Erfahrungen mit dem DIY-Nähset berichtet (siehe Abb. 10.1). Was war aus ihrer Sicht an der Zusammenarbeit gut? Was empfindet sie als No-Go bei Anfragen von PR-Schaffenden?

Und ich nähe die Tasche wirklich selbst?

Als ich bei Julio in der Werkstatt von Sueco war, hatte ich noch für einen kleinen Moment die Hoffnung, ich würde eine fertige Tasche bekommen. Nicht weil ich zu faul war – sondern weil ich wirklich nicht ganz sicher war, ob ich eine Tasche nähen kann. Nix da – ich habe zusammen mit Julio mein Taschen-DIY-Kit vorbereitet: Das Leder wurde nochmal schnell eingefettet, alle Hilfsmittel eingepackt und dann hatte ich mein Paket in der Hand. Mit einer PERFEKTEN Anleitung. Jeder einzelne Schritt und die verschiedenen Stich-Arten sind so genau beschrieben, dass ich gar keine Chance hatte irgendwas falsch zu machen. Ich habe mir an einem Sonntag-Nachmittag Zeit genommen und alles ganz in Ruhe aufgebaut...insgesamt habe ich gute drei Stunden genäht. Und ich muss sagen: Ich hätte es nicht für möglich gehalten, aber es hatte wirklich eine fast meditative Wirkung. Ich war so vertieft in die Stich-Technik, dass ich gar nicht gemerkt habe, wie die Zeit rumgegangen ist. Das Schönste am Selbermachen ist für mich, dass ich am Ende das fertige Produkt in der Hand habe und sehen kann, wofür ich meine Zeit investiert habe.

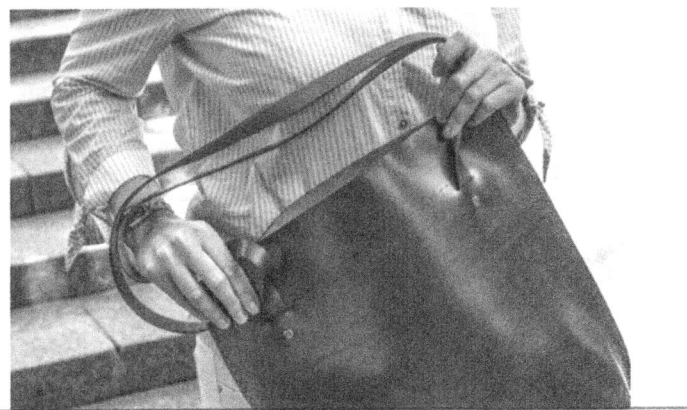

Abb. 10.1 Blogartikel zum DIY-Kit von sueco. (Quelle: Blog Nummer Fünfzehn http://nummerfuenfzehn.com/, Abruf: Januar 2018)

Cornelia Gerstenberg
Seit wann bloggen Sie? Schildern Sie bitte kurz die Entwicklung des Blogs vom Start bis heute.

Annalena Huppert
Meinen Lifestyleblog Nummer Fünfzehn führe ich seit April 2014. Was als Hobby und kreativer Ausgleich zu einer strategischen Position im

Konzern begonnen hat, ist seit Anfang 2016 mein Hauptberuf. Neben dem Blog an sich halte ich zahlreiche Vorträge, gebe Workshops und erledige fotografische und texterische Auftragsarbeiten für Magazine, Wirtschaftsunternehmen sowie für die Online-Auftritte unterschiedlicher Firmen.

Cornelia Gerstenberg
Sind Sie offen für PR-Anfragen und Kooperationen? Wenn ja, wie wünschen Sie sich eine Ansprache?

Annalena Huppert
Ich arbeite mit vielen Kunden aus den unterschiedlichsten Branchen zusammen – wenn das Produkt oder die Dienstleistung zu mir und Nummer Fünfzehn passt, bin ich offen für verschiedenste Formen der Zusammenarbeit. Ich arbeite in der Rezeptentwicklung, Reiseberichterstattung, ich biete Buchrezensionen, Eventberichte, Produktplatzierungen und Produkttests im redaktionellen Kontext an. Wenn der Schuh passt, finde ich gemeinsam mit meinem Kunden die beste Art der Präsentation. Das Wichtigste für mich ist eine Kooperation auf Augenhöhe: eine persönliche Ansprache, ein angemessener Umgangston, klare Absprachen und eine faire Bezahlung.

Cornelia Gerstenberg
Was hat Julio Brinkmann von sueco richtig gemacht?

Annalena Huppert
Ganz instinktiv hat Julio sehr viel richtig gemacht. Wir hatten von Anfang an einen guten Draht zueinander und es hat wahnsinnig viel Spaß gemacht mit ihm zu arbeiten. Dadurch, dass er mir seine Werkstatt gezeigt und von seiner Philosophie berichtet hat, konnte ich eine schöne Geschichte erzählen, die den Leser interessiert und fesselt. Das ist es letztlich, worauf es bei jedem Beitrag ankommt.

Cornelia Gerstenberg
Was sind für Sie die absoluten No-Gos bei Anfragen von PR-Schaffenden?

Annalena Huppert
Da kann ich aus einem recht breiten Erfahrungsschatz schöpfen. Ich mag keine unpersönlichen Ansprachen – Mails, die mit „Lieber Blogger" beginnen, öffne ich häufig nicht mal mehr. In meinem Impressum kann jeder meinen Namen nachlesen und mich direkt ansprechen. Gerne auch ohne Schreibfehler in meinem Namen. Außerdem mag ich es gar nicht, wenn mir Produkte angeboten werden, die überhaupt nicht zu meiner Online-Präsenz passen. Manchmal merkt man schon in den ersten zwei Sätzen einer Mail, dass der PRler meinen Blog kein einziges Mal angeklickt hat – sonst wüsste er, dass weder Babywindeln noch Autoreifen einen Platz finden werden.

Für mich ist es entscheidend, nach den Regeln zu handeln: Ich kennzeichne bezahlte Artikel und setze keine Do-Follow-Links. Das ist für mich eine Selbstverständlichkeit und nur fair gegenüber meinen Leserinnen und Lesern. Leider herrscht dafür häufig auf Seite der Agenturen und Firmen nur wenig Verständnis – auch hier wünsche ich mir eine Kommunikation auf Augenhöhe.

Cornelia Gerstenberg
Vielen Dank für das Interview und weiterhin viel Erfolg.

10.3 Fallbeispiel Großunternehmen: Nestlé

Große Firmen haben sicherlich bessere Möglichkeiten im Hinblick auf Budget und Manpower. Dennoch kann es durch die Größe eines Unternehmens auch Schwierigkeiten in der Kommunikation geben, die kleine Firmen nicht haben. Lange Entscheidungswege und schwerfällige Hierarchien können die notwendige Reaktionsgeschwindigkeit drosseln. Und sicherlich ist es auch schwierig, bei einem größeren Team, das für die Kommunikation in den sozialen Medien zuständig ist, eine einheitliche Tonlage zu erzielen.

Es gibt etliche große Unternehmen, die sehr aktiv im Social Web sind. So auch die Firma Nestlé Deutschland, die Kunden und Interessenten aktiv mitgestalten lässt: Beim „Nestlé Marktplatz"

(Abb. 10.2) werden die Verbraucher zu sogenannten Prosumenten, die Medieninhalte gleichzeitig konsumieren und produzieren.

Aber auch an Produkten selber arbeiten die Konsumenten im Social-Media-Zeitalter aktiv mit. Auf der Firmenwebsite von Nestlé Deutschland ist ein ganzer Bereich gleich mit dem Begriff „Mitmachen" überschrieben. Die User haben dort die Möglichkeit, sich als Produkttester zu bewerben, an Gewinnspielen oder Votings teilzunehmen oder sich die Zeit mit einem Spiel zu vertreiben. Wichtig ist es – so Markus Irmscher, Head of Corporate Brand and Platforms bei Nestlé Deutschland –, dass der Dialog mit dem Kunden auf Augenhöhe stattfinde. Das führe zu Vertrauen und vermittle dem Nutzer ein Gefühl von Nähe. Das Unternehmen müsse nicht perfekt sein, sondern transparent. Und der Verbraucher müsse Platz für Kritik haben. Wichtig ist dann der Umgang mit der Kritik. Jed Anfrage werde beantwortet, so Irmscher, auch wenn es bei schwierigeren Fragen mal etwas länger dauern könne, weil eine Prüfung durch Fachleute erfolge. Nur wer sich

Abb. 10.2 Nestlé Marktplatz. (Quelle: Firmenwebseite Nestlé Deutschland, www.nestlemarktplatz.de, Abruf: März 2018)

verschließt oder unprofessionell mit Kritik umgeht, läuft Gefahr, dass aus einer Kleinigkeit ein ganzer Shitstorm wird.

Beim sogenannten „Ideen-Atelier" geht Nestlé sogar noch einen Schritt weiter. Jeder hat dort die Möglichkeit, ein neues Produkt zu gestalten. Neben eigenen Ideen, die abgegeben werden können, finden regelmäßig auch Wettbewerbe statt, bei denen Kundenentwürfe tatsächlich umgesetzt werden. Der Vorteil für Nestlé: Um einen Wettbewerb zu gewinnen, brauchen die Teilnehmer „Sternebewertungen" von anderen Usern. Um diese zu bekommen, teilen die kreativen Köpfe ihre Ideen bei Facebook, Pinterest und Co. und laden Freunde und Bekannte ein, sie positiv zu bewerten. Damit wird die Marke „Nestlé" sowie das Produkt automatisch in die Breite gestreut.

Es bringt also einige Vorteile, die Nutzer mitmachen zu lassen. Im Gegenzug aber gibt man ein Stück weit die Zügel aus der Hand. Sicherlich gibt es Regeln für den Mitmach-Bereich. Aber halten sich alle Nutzer daran? Was ist zu tun, wenn es beim Produkttest mal nicht schmeckt? „Nichts Besonderes ist dann zu tun", ist die Antwort von Markus Irmscher. „Was wir erreichen wollen, ist Glaubwürdigkeit." Überall 5 Sterne bei einer Bewertung wäre alles andere als glaubwürdig. Bei über 100.000 Produkttestern sei es die Regel, dass es auch mal kritische Kommentare gebe. Nestlé wünscht sich differenzierte Bewertungen und schreibt den Usern nichts vor. „Alles andere wäre doch Fake", so Irmscher. „Der User kann machen, was er will, solange er sich an die Netiquette hält. Kommentieren ist bei uns sogar ohne Registrierung möglich. Wenn sie ihren Kommentar nicht bei uns schreiben, dann tun sie das woanders."

Bei aller Affinität der Community zu online, digital und virtuell: Hinter den Usern stecken Menschen, die gerne auch Auge in Auge und ganz klassisch offline kommunizieren wollen. Auch hier hat Nestlé eine gute Möglichkeit gefunden, in einen persönlichen Dialog mit den Kunden zu treten. Zweimal im Jahr tagt der sogenannte „Verbraucherbeirat". 32 Personen diskutieren ehrenamtlich mit dem Unternehmen und besprechen Fragen von der Verpackungsgestaltung bis zur Qualitätskommunikation. Markus Irmscher beschreibt das Feedback aus den Tagungen des Verbraucherbeirats als sehr, sehr kritisch, aber eben auch richtig konstruktiv.

Es zeigt sich auch hier: Wenn ein Unternehmen den Mut hat, sich an den richtigen Stellen für die User zu öffnen und sich auf Augenhöhe zu begeben, dann bekommt es auch viel zurück. Wichtig ist und bleibt aber: Kommunizieren Sie authentisch, möglichst zeitnah, stets höflich und freundlich und vor allem inhaltlich wertvoll. Der Nutzer möchte ernst genommen werden.

10.4 Interview mit Stefanie Weyrauch und Holger Zapf: „Eine Social-Media-Strategie mit klar messbaren Zielen ist sehr wichtig."

Wenn Sie in einer Nische tätig sind, sollten Sie unbedingt über Social-Media- Kanäle kommunizieren. Allein schon das Interesse für ein spezielles Thema verbindet Menschen. Die perfekte Grundlage für die Bildung einer Community. Gleichzeitig sind Menschen, die sich für etwas begeistern, sehr anspruchsvoll und legen großen Wert auf exklusiven, maßgeschneiderten und aktuellen Content. Daher reicht es auch hier nicht, Menschen durch ein „Like" an sich gebunden zu haben. Die Kontakte zur Community müssen gepflegt werden und die Follower bei Laune gehalten werden. Wird dies richtig angepackt, kann Social Media in Nischenbereichen sehr erfolgreich sein. Dies wird am Beispiel von UNIT Yoga (http://www.unit-yoga.de/) deutlich, einem 2008 gegründeten Yoga-Studio und Ausbildungsinstitut. Neben einem Corporate Blog bespielen die Gründer und das Team etliche andere Social-Media-Kanäle. Warum dieses Vorgehen Sinn macht, zeigt das folgende Interview von Juni 2016 mit Stefanie Weyrauch, Leiterin PR und Social Media bei UNIT Yoga, und Holger Zapf, Gründer und Geschäftsführer von UNIT Yoga.

Cornelia Gerstenberg
Seit wann bloggen Sie? Schildern Sie bitte kurz die Entwicklung des Blogs vom Start bis heute.

Stefanie Weyrauch
Privat blogge ich aus Liebe und Leidenschaft seit über 5 Jahren über das Thema Yoga als „Yogastern" (www.yogastern.com) und gehöre damit zu den ersten Yoga-Bloggerinnen in Deutschland. Beruflich habe ich bereits für meine vorherige Firma 2011 einen Corporate Blog ins Leben gerufen und konnte so meine Erfahrungen im Bereich Corporate Blogs und Blogger Relations ausbauen. Seit dem 1. April 2015 ist der „UNIT Yoga Blog" (www.unit-yoga-blog.de) nun online. Seitdem wächst er von Woche zu Woche. Im Gegensatz zu meinem privaten Blog, in dem ich wie in einem Tagebuch über meine persönlichen Erfahrungen im Yoga berichte, schreibt für unseren UNIT Yoga Blog ein Team von Autoren. Inzwischen haben wir 15 Blogautoren, die jeweils über ihre Experten-Themen berichten. Für unseren Blog schreiben vor allem unsere beiden Gründer Romana Lorenz-Zapf und Holger Zapf über ihre Spezial- und Lieblingsthemen, aber auch unsere Yogalehrer, Mitarbeiter oder Workshop-Gäste. So gehören z. B. die bekannten Yogalehrer aus den USA Bryan Kest und Max Strom zum Team unserer Blogautoren.

Wir haben die Themen für unseren Blog so ausgewählt, dass sie zu dem passen, wofür wir stehen und wofür wir Specials, Workshops oder Ausbildungen anbieten wie: Atemübungen, Gesundheit, Ashtanga Yoga, Pre- & Postnatal Yoga, Kinder- & Teensyoga, Yin Yoga, Yogatherapie, Yogalehrer-Ausbildung oder Meditation. Jede Woche planen wir die aktuellen Artikel, da wir mehrere Artikel pro Woche veröffentlichen und dafür auch eine professionelle Redaktionsplanung nutzen. Damit können wir einerseits thematisch die Wochen, Monate und das ganze Jahr planen, aber haben andererseits auch Raum für aktuelle Themen.

Cornelia Gerstenberg
Wie viel bringt Ihnen die Tatsache, dass Sie privat bloggen, für Ihre eigene PR-Tätigkeit bei UNIT Yoga?

Stefanie Weyrauch
Es ist ein großer Vorteil für mich, dass ich mich seit über 5 Jahren ganz selbstverständlich in der Blogosphäre bewege. Dadurch kenne ich mich im Netz bestens aus und habe schon früh Kontakte zu anderen Yoga-Bloggern geknüpft. Viele Yoga-Blogger kenne ich auch persönlich und

tausche mich regelmäßig mit ihnen aus oder arbeite an Kooperationen. Natürlich kann ich nun meine Kontakte aus meiner früheren Tätigkeit sowie von meinem privaten Blog auch für Kooperationen mit UNIT Yoga anfragen. Es ist der Austausch, das Vernetzen und das Entstehen von immer neuen Möglichkeiten, die mich am Bloggen privat und auch für den Corporate Blog begeistern (Abb. 10.3).

Cornelia Gerstenberg
Pflegen Sie Kontakte zu anderen Bloggern? Wenn ja, wie knüpfen Sie diese Kontakte? Wie bleiben Sie in Kontakt?

Stefanie Weyrauch
Die anderen Yoga-Blogger sind sehr wichtige Multiplikatoren für uns. Daher spielen sie eine große Rolle in meiner PR-Arbeit für UNIT Yoga. Ich stehe regelmäßig in Kontakt mit anderen Yoga-Bloggern, tausche mich mit ihnen aus und plane Kooperationen. Viele andere Yoga-Blogger kenne ich nun schon seit Jahren, aber ich beobachte auch den Markt und wenn ein neuer interessanter Yoga-Blog startet, verfolge ich das, lese die Artikel und nehme Kontakt mit den Bloggern auf. Die meisten Blogger kann man am besten per E-Mail erreichen oder über Facebook kontaktieren. Es gibt aber inzwischen auch viele Blogger-Treffen, bei denen man die Gelegenheit hat, sich persönlich kennenzulernen und den Online- Kontakt auch offline zu vertiefen. Mir macht das Netzwerken sehr viel Spaß, daher fällt es mir leicht, Kontakte zu anderen Bloggern aufzubauen und dann auch in regelmäßigem Kontakt und Austausch zu bleiben. Einige Blogger konnte ich inzwischen auch schon als Autoren für unseren Yoga-Blog gewinnen oder sie schreiben über ihre Erfahrungen, die sie auf einem unserer Yoga-Specials, Workshops oder während einer Ausbildung gesammelt haben. Das sind wirklich tolle Erfahrungsberichte, die wir sehr schätzen und die auch für unsere Leser, Interessenten und Kunden sehr interessant sind.

Cornelia Gerstenberg
Welche Aktivitäten im Social Web helfen Ihnen gezielt dabei, Ihre Dienstleistungen und Angebote zu vermarkten?

Abb. 10.3 Geteilter Blogbeitrag von UNIT Yoga im Facebook-Account von Yogastern. (Quelle: Facebook-Account von Yogastern, Stefanie Weyrauch, Abruf: April 2018)

Holger Zapf
Für uns steht ein Mix aus vielen unterschiedlichen Kanälen im Vordergrund. Dabei gehen wir davon aus, dass unsere Interessenten und Kunden nicht den „einen" Social-Media-Kanal nutzen, sondern jeder seine individuellen Vorlieben haben. Deswegen möchten wir auch auf vielen unterschiedlichen Kanälen aktiv sein, um unsere Zielgruppe zu erreichen: Auf YouTube und Instagram sind wir vertreten, um die visuell geprägten Menschen abholen zu können. Über unseren UNIT Yoga Blog wollen wir die Menschen erreichen, für die das geschriebene Wort im Vordergrund steht. Facebook, Google+, Twitter und zum Teil auch XING sind dann die Kanäle, über die wir diese Informationen in die Breite streuen. Dabei bieten uns die Social-Media-Kanäle die Möglichkeit, unsere Zielgruppe anders anzusprechen, als über die Homepage, auf der die Produktbeschreibung im Vordergrund steht. Die Social-Media-Kanäle erlauben einen lebensnahen Blick „hinter die Kulisse" für alle Menschen, die mehr über uns erfahren möchten.

Cornelia Gerstenberg
Haben Sie ein Best-Practice-Beispiel für eine besonders erfolgreiche Social- Media-Kampagne?

Holger Zapf
Wir haben 2015 eine Spendenaktion zugunsten der Erdbebenopfer in Nepal ins Leben gerufen. Hierfür haben wir ein eigene Webseite entwickelt und viele uns bekannte Yogaschulen und Yogalehrer angeschrieben. Ziel war es, dass in einem Zeitraum von 4 Wochen jeder dieser Lehrer und Schulen eine Charity Yoga Class zugunsten der Erdbebenopfer in Nepal anbietet. Die Bewerbung der einzelnen Classes hat vorwiegend über Facebook stattgefunden. Auf diese Art und Weise haben über 75 Yoga Classes stattgefunden, und es wurden über 17.500 EUR gespendet.

Mit dieser Aktion haben wir nicht nur viel Gutes getan, sondern haben unsere Bekanntheit sehr stark gesteigert, da wir als Initiatoren so über mehrere Wochen in der Yogacommunity in Deutschland und Österreich stattgefunden haben.

Cornelia Gerstenberg
Welche generellen Tipps können Sie Unternehmen und Agenturen geben, um ihre Dienstleistung im Social Web zu vermarkten?

Holger Zapf
Für uns ist es das Wichtigste, konkret messbare Ziele zu vereinbaren. Davor scheuen sich nach meinen Erfahrungen viele Agenturen, aber nur so kann man den Erfolg und damit auch den Invest prüfen. Dafür ist die Entwicklung einer klaren Social-Media-Strategie sehr wichtig. Denn gerade in diesem Bereich kann man bei der Vielfalt der Möglichkeiten sehr schnell, sehr viel Geld ausgeben ohne den Nutzen direkt messbar machen zu können. Eine klare Strategie hilft dabei, den individuellen Mix herauszufinden.

Cornelia Gerstenberg
Sind Sie offen für PR-Anfragen oder -Kooperationen? Wenn ja, wie wünschen Sie sich eine Ansprache?

Holger Zapf
Prinzipiell ja, es muss für uns aber ein klar erkennbarer Nutzen für beide Seiten da sein und das Angebot muss mit unseren Werten in Einklang stehen. Gerade im Yogabereich ist es besonders wichtig, uns unsere Glaubwürdigkeit zu erhalten. Wenn wir zu 100 % hinter den Kooperationen stehen können, bewerben wir diese gerne mit. Wir bewerben z. B. auch auf unserem Blog oder unseren Social- Media-Kanälen tolle Yoga-Events wie „Die lange Nacht des Yoga" oder übersetzen Blogartikel von zu uns passenden Yogagrößen wie Bryan Kest ins Deutsche und veröffentlichen diese dann über Facebook und Co.

Cornelia Gerstenberg
Herzlichen Dank Ihnen beiden für die hilfreichen Antworten.
Die Antworten von Stefanie Weyrauch und Holger Zapf bestätigen, dass Glaubwürdigkeit und Authentizität das Herzstück erfolgreicher Social Relations sind. Je tiefer man selbst im Thema steckt, je näher man der Community kommt, desto besser kennt man deren Bedürfnisse und desto relevanteren Content kann man liefern. Bleiben

Sie mit Ihren Freunden und Followern auf unterschiedlichen Wegen in Kontakt. Dann erreichen Sie sie auch. Über allem muss eine gut durchdachte Planung und Strategie stehen. Egal, ob Sie als großes Unternehmen eine breite Zielgruppe haben oder ob Sie sich in einer Nische bewegen. Eine weitere Möglichkeit, User auf sich und die eigenen Produkte aufmerksam zu machen, sind kleine, personalisierte Aufmerksamkeiten zum Geburtstag oder sonstigen passenden Gelegenheiten wie z. B. zum Muttertag. Das Geburtsdatum eines Users wird häufig mit abgefragt, wenn ein Kundendatensatz erfasst wird. Mit einem Gruß zum Geburtstag oder einer kleinen Überraschung beispielsweise in Form eines Gutscheins, erreicht man den User auf sehr persönliche Art in einer positiven Stimmung.

Fordern Sie die Community auch immer wieder auf, ihre eigenen Geschichten, Erlebnisse und Meinungen auf Ihren Social-Media-Kanälen zu posten. Lassen Sie z. B. die User über ihr schönstes Erlebnis mit einem Ihrer Produkte berichten. Auch Foto-Wettbewerbe eignen sich, um die Community zu aktivieren. Damit haben Sie die Möglichkeit geschaffen, von Ihrer Seite aus wieder positiv auf die Einträge zu reagieren, und den User damit auf einer emotionalen Ebene an Sie zu binden. Durch Likes und Kommentare aus dem Freundeskreis des Users kann zusätzlich recht schnell eine hohe Reichweite erzielt werden.

Ihr Transfer in die Praxis

- Welche Kanäle eignen sich zur direkten Produktvermarktung Ihrer Produkte?
- Planen Sie Budget und Manpower und gegebenenfalls eine langen Atem für alle Aktivitäten ein. Es wird sich auszahlen.

11

Die Zukunft der Social Relations

> **Was Sie aus diesem Kapitel mitnehmen**
> - Dass Sie sich im Social Web unbedingt professionalisieren müssen.
> - Dass unsystematisches Vorgehen gefährlich sein kann.

Das Social Web hat die Kommunikationskultur teilweise verändert, vor allem aber das Aufgabengebiet der Öffentlichkeitsarbeit enorm erweitert. Durch Präsenz in sozialen Netzwerken können Unternehmen ihre Zielgruppen gezielt ansprechen und an sich binden. Dieser Echtzeitdialog sowie die Potenziale des Mitmachwebs erfordern eine Professionalisierung der PR-Arbeit.

Durch Präsenz in sozialen Netzwerken können Unternehmen ihre Zielgruppen gezielt ansprechen und an sich binden. Dieser Echtzeitdialog sowie die Potenziale des Mitmachwebs erfordern eine Professionalisierung der PR-Arbeit. Planungsgeschick, ein strukturiertes und systematisches Vorgehen werden den Erfolg interaktiver Kampagnen auch in Zukunft bestimmen. Der erhöhte Professionalisierungsgrad wird die heutzutage häufigen Ad-hoc-Lösungen von Social-Media-Aktivitäten reduzieren. Ein Gesamtkonzept, in dem sämtliche Online-Aktivitäten berücksichtigt werden, wird das relativ spontane Abarbeiten unkoordinierter Maßnahmen ablösen müssen. Monats- und Jahresplanungen von Maßnahmen werden an Bedeutung gewinnen.

Das Zusammenspiel von klassischer PR-Arbeit, die nach wie vor ein wesentlicher Bestandteil der Öffentlichkeitsarbeit sein wird, und Social Relations als relativ neues Kommunikationsinstrument, wird entscheidend für den Erfolg der Kommunikationsziele und der übergeordneten Unternehmensziele sein. Komplexere Aufgabenstellungen werden dazu führen, dass für den Bereich der Public Relations entweder mehr Personal eingeplant oder stärker mit professionalisierten Dienstleistern zusammengearbeitet werden muss, um den Anforderungen gerecht zu werden.

Entscheidend für den Erfolg im Social Web ist die Qualifizierung der Unternehmensakteure: Interne wie externe Mitarbeiter, die an den Online-Aktivitäten teilnehmen, müssen entsprechend geschult sein. Das Sprachgefühl, Empathie sowie Expertise in der professionellen Kommunikation sind wesentliche Kompetenzen für diese Arbeit. Nach und nach werden aber auch ganz automatisch für Social Media geschulte Mitarbeiter in die Unternehmen kommen. Denn die Generation der sogenannten „Digital Natives", also all jene, die in die digitale Welt hineingeboren worden sind, wird erwachsen und steigt ins Berufsleben ein.

Diese Digital Natives bewegen sich ganz selbstverständlich im Social Web und sind mit den unterschiedlichsten Social-Media-Kanälen aufgewachsen. So werden sie auch in ihrem Berufsleben das gesamte Feld der Möglichkeiten nutzen und die Sprache und Tonlage beherrschen.

Die steigende Komplexität der Aufgaben wird ebenso mit Budgetsteigerungen einhergehen – wenn Unternehmen dauerhafte Erfolge im Social Web erzielen möchten. Dies betrifft den B-to-C- wie den B-to-B-Bereich gleichermaßen. Bislang werden bekannte Plattformen wie Facebook, YouTube und Instagram häufig mit einzelnen Maßnahmen bearbeitet. Das macht Sinn, da diverse Netzwerke von unterschiedlichen Zielgruppen besucht werden. In Zukunft werden Unternehmen und Agenturen jedoch bemüht sein, Synergien zwischen den einzelnen Social-Media-Kanälen auszuschöpfen, so wie es viele Influencer bereits heute praktizieren: Inhalte, die auf entsprechenden Blogs gepostet wurden, werden beispielsweise via Twitter, Pinterest und YouTube geteasert. Nicht zuletzt aufgrund von einhergehenden Monitoring-Maßnahmen wird auch diese Praxis einen hohen Professionalisierungsgrad und ein entsprechend höheres Budget von Unternehmen erfordern.

Megatrends: Content mit Mehrwert, Big Data und Echtzeit-Kommunikation
Im Rahmen eines erfolgreichen Content Marketings werden sich Unternehmen zukünftig auf Kernthemen konzentrieren, in denen sie über entsprechendes Know-how verfügen. Content mit Mehrwert wird aufgrund der Menge an Online- Inhalten an Bedeutung gewinnen. Unternehmen werden weniger Aufwand in allgemeine Inhalte stecken, die von jedem beliebigen Unternehmen in ähnlicher Form kommuniziert werden könnten.

Gleiches gilt im Rahmen des Influencer Marketing: Unternehmen werden mehr Energie in die Suche nach passenden Multiplikatoren stecken, um Streuverluste zu vermeiden. Da Influencer ein Interesse am Vernetzen haben, werden Unternehmen Bloggertreffen organisieren oder sponsoren bzw. daran teilnehmen, um sich wiederum selbst mit potenziellen Partnern zu vernetzen.

Bei allen zukünftigen Maßnahmen werden Unternehmen berücksichtigen, dass Inhalte zunehmend auf mobilen Endgeräten konsumiert werden. Bereits heute sind die Websites vieler Unternehmen im sogenannten Responsive Design – die Websites berücksichtigen Eigenschaften des jeweils benutzten Endgeräts – programmiert.

Ähnlich wie das Design der Plattformen werden sich auch die Inhalte und der Umfang der Inhalte an die zukünftigen mobilen Nutzungsgewohnheiten anpassen. Es ist möglich, dass sich im Social Web der textliche Umfang von Artikeln reduziert und sich wiederum andere Plattformen entwickeln, auf denen ausführliche Informationen zur Verfügung gestellt werden.

Eine weitere Entwicklung, an der auch die PR nicht vorbei kommen wird, ist „Big Data". Die Macht der großen Datenmengen und alles, was diese über die eigene Zielgruppe verraten, ist in der Marketingwelt bereits eine feste Größe. Aber auch in der Kommunikation werden die Personenprofile, die durch Big-Data-Analysen gebildet werden können, immer mehr eine Rolle spielen. Ermöglicht dieses Vorgehen doch eine gezielte, individuelle, teilweise sogar automatisierte Ansprache von Stakeholdern.

Und noch etwas wird passieren: Kommunikation wird noch schneller und dadurch auch vergänglicher werden. Was wir heute unter Echtzeit verstehen, lässt den PR-Schaffenden immer noch Zeit, eine Reaktion zu überdenken – wenn auch die Community zeitnah mit Antworten versorgt werden muss. Echtzeit in der Zukunft wird aber „live" heißen. Wer die Facebook-Funktion „Livestream" nutzt, der muss genauso wie bei einer Live-Übertragung im Fernsehen eine Art Drehbuch vorbereitet haben und in jeder Sekunde reaktionsbereit sein. Instant- Messenger wie Snapchat verbreiten Nachrichten in Windeseile. Kaum geschrieben und gelesen werden die Informationen schon wieder gelöscht. An diese Geschwindigkeit und alle Herausforderungen, die sie mit sich bringt, wird sich die PR anpassen müssen.

Fazit

Obwohl Blogger, Social Influencer und Netzwerke, die Influencer ideell wie auch finanziell unterstützen, die Bedeutung der eigenen Unternehmenswebsite kleinreden, bleibt die Firmenwebsite und das eigene Blog die essenzielle Basis für erfolgreiche Social Relations. Grund: Die Social-Media-Welt ist relativ unbeständig. Netzwerke und Plattformen ändern sich oder verschwinden im Laufe der Zeit komplett. Die eigene Website ist und bleibt hier die zuverlässigste Basis für andauernden Content. „Alles fließt", das wusste schon Heraklit. Schafft ein Unternehmen es, einige feste Steine in die Brandung zu setzen und gleichzeitig mit den Strömen mit zu schwimmen, wird Kommunikation im Social Web erfolgreich sein.

Ihr Transfer in die Praxis

- Haben Sie ein Social-Media-Konzept für Ihr Unternehmen? Wenn nicht: Erarbeiten Sie schnellstmöglich eins.
- Bestimmen Sie Ihre Zielgruppen, analysieren Sie deren Tonalität und Social-Media-Kanäle und machen Sie redaktionelle Monats- und Jahrespläne, wie Sie sie bespielen wollen.
- Um es noch mal zu betonen: Planen Sie Budget dafür ein!

The manufacturer's authorised representative in the EU is Springer Nature Customer Service Centre GmbH, Europaplatz 3, 69115 Heidelberg, Germany. If you have any concerns regarding our products, please contact ProductSafety@springernature.com

Printed and bound by CPI Group (UK) Ltd, Croydon, CR0 4YY

25/03/2026

02078190-0005